ANGELIKA ULICZKA

Das Flow Orakel der Kraft

Ein spiritueller Pfad zur weiblichen Schöpferkraft

WINDPFERD

Wichtiger Hinweis: Die in diesem Buch beschriebenen Methoden sollen ärztlichen Rat und medizinische Behandlung nicht ersetzen. Die in diesem Buch vorgestellten Informationen sind sorgfältig recherchiert und wurden nach bestem Wissen und Gewissen dargestellt. Dennoch übernehmen Autor und Verlag keinerlei Haftung für Schäden irgendwelcher Art, die direkt oder indirekt aus der Anwendung oder Verwendung der Angaben in diesem Buch entstehen. Sämtliche Informationen in diesem Buch sind für Interessierte zur Weiterbildung gedacht.

1. Auflage 2019

Bildnachweis:
Illustrationen: Angelika Uliczka (Aquarell/Gouache Originale: 28 x 28 cm) unter Verwendung von Collageteilen aus der Zeitschrift „happinez" – Das MindStyle Magazine, Hamburg: Heinrich Bauer Verlag, Hefte aus 2016/17
Maya-Glyphen: CC BY 2.5, erstellt von CJLL Wright, vektorisiert von www.bitdifferent.de

Umschlaggestaltung: Thomas Hajdu | Farbstoff
Layout und Satz: Marx Grafik & ArtWork | Jennifer Jünemann, www.bitdifferent.de
Druck und Bindung: Grafik und Druck GmbH Peter Pöllinger, München

Printed in Germany · ISBN 978-3-86410-204-2
www.windpferd.de

Inhalt

Ich bin hier, um für dich eine Vermittlerin zwischen „Himmel und Erde" zu sein. Ich bin hier, um dich zu ermutigen, deine Kreativität voll und ganz zu entfalten. Ich bin hier, um die Erweckung deiner spirituellen Kraft zu unterstützen. Ich bin hier, um in meinem Sein zentriert zu sein und deinen Göttlichen Glanz zu reflektieren. Ich bin hier, weil ich eine strahlende Reflexion des lebens bin, weil du eine strahlende Reflexion des lebens bist.

In lak'ech*: Ich bin ein anderes Du

* (In la:kesj): Sittenkodex und Gruß der Maya

Einleitung

Herzlich willkommen im Maya-Flow-Universum

Komm heraus aus dem Kreis der Zeit
und hinein in den Kreis der Liebe

– RUMI –

Komm und tritt ein in das Flow-Orakel der Kraft

Willkommen an der Schwelle eines zeitlosen Maya-Tempels, einer Welt von Harmonie, Leichtigkeit und Schönheit. Willkommen zu einem Leben im Fluss der Lebenskraft. Willkommen zu einem Gespräch mit dem wichtigsten Menschen in deinem Leben: mit dir! Vor vielen Jahren entdeckte ich den Ruf meines Herzens, den Weg zu meinen inneren Schätzen. Einige meiner reichhaltigen Erfahrungen gebe ich hier an dich weiter und lade dich zu einer spannenden Reise zu deinen inneren Schätzen ein.

In jedem von uns schlummert das Potenzial zu einem Leben voller Kreativität, Tiefe, Harmonie und Schönheit. Vielleicht fragst du dich manchmal, wie du dein ganzes spirituelles Potenzial wachküssen kannst; wie du noch intuitiver und müheloser mit dem Fluss des Lebens mitfließt; und wie du dich mit der Kraft deines Herzens verbinden kannst.

Entdecke den Kreativitäts-Code der Schöpfung

Mit dem Flow-Orakel der Kraft, das auf der Herzensweisheit der Maya-Hochkultur (TZOLKIN-Kalender) basiert, öffnest du dich immer weiter für deine urweibliche Schöpferkraft, Intuition und Herzensintelligenz. Du machst dein Höheres Bewusstsein zu einem festen Bestandteil deines Lebens und entwickelst allmählich mehr Selbstbewusstsein, spielerische Kreativität und Freude. Du aktivierst deine Ressourcen und bist dadurch besser in der Lage, im Einklang mit deiner Seele zu wählen und zu handeln. Mit dem Orakel erkennst du leichter, wo du dich in dem Kreislauf der Verwandlung befindest; du kannst den nächsten Schritt besser erspüren. Der „Kreis der Kraft" ist zur Befragung aller Formen von Lebensprozessen geeignet: als Geburtshilfe für ein harmonischeres Selbst, für Alltagsfragen und als Begleitung für ein konkretes Arbeitsprojekt.

Lass die Sprache der Bilder auf dich wirken, die ursprünglichen 20 Maya-Glyphen (siehe Abbildungen im Buch). Alle 20 Bilder und 13 Zahlen kommunizieren sowohl mit deinem physischen Körper als auch mit deinem Lichtkörper, da immer „Alles mit Allem" verbunden ist. Die 20 archetypischen „zeitlosen Engel" zeigen die 20 Sonnenzeichen (Sternglyphen) des Maya-Flow-Universums. Sie dienen als magische Brücke zwischen unserer Alltagsrealität und der multidimensionalen Frequenzebene der ursprünglichen Schöpfungs-Glyphen des TZOLKIN.

Identifiziere dich mit deiner göttlichen Schöpferkraft und lebe sie

Sei dir bewusst, dass du als Mensch göttliche Gegenwart in der Materie bist. Wenn du dich mit der göttlichen Kraft identifizierst und damit dein spirituelles Erbe antrittst, kannst du dich an den Kraftstrom der Urquelle anschließen und bewusste Schöpferin sein.

Spiritualität ist nichts Realitätsfernes, sondern reicht bis in den Alltag hinein. Spiritualität ist die Erfahrung, in ein größeres Ganzes eingebunden zu sein, über sich selbst hinaus – oder in sich hinein – zu wachsen und sein eigenes Lied zu singen. Spiritualität ist der Ausdruck deiner Talente und Herzenskräfte in deinem ganz alltäglichen Leben.

Habe den Mut, dich von deiner Seele und deinem Höheren Bewusstsein – dem kreativen Teil deines Geistes – führen zu lassen. Erkenne dich als multidimensionales Wesen, ein biologisches, energetisches, psychisches und göttliches Wesen. Eine Frau mit Sonnenbewusstsein, Christus-Bewusstsein, Buddha-Bewusstsein, Tao-Bewusstsein: viele Namen für eine Essenz, die Weisheit, Harmonie und Heilung verströmen will.

Komm und tritt ein in deine weibliche Schöpferkraft

Es kann kein Zweifel daran bestehen, dass die magische Kraft und der Zauber des Weiblichen in den frühesten Zeiten der Menschheitsgeschichte ein ebensolches Wunder waren wie das Universum selbst.

– JOSEPH CAMPBELL –

Erwecke die weibliche Schöpferkraft in dir

Herzlich willkommen an der Quelle weiblicher Weisheit. Willkommen im Tempel des weiblichen Flow! Mögest du dich der Quelle deiner inneren Weisheit öffnen; genügend Raum für die Träume deiner Seele lassen; deine Kreativität und Spiritualität auf deine dir ganz eigene Weise entfalten. Alles ist bereits da. Es geht nur um das bewusste Freilegen der Weisheit und Schönheit, die du bereits in dir trägst.

Deine weibliche Energie besitzt von Natur aus die Fähigkeit zu erschaffen, Ideen zu empfangen und Geistiges in einem kreativen Prozess zu materialisieren. Als Frau hast du Zugang zu deiner urweiblichen Frequenz, die sich im Empfangen, Nähren, Wiegen und Austragen eines Kindes, eines Projektes oder einer Arbeit zeigt. Sei dir deiner natürlichen weiblichen Fähigkeit zur Kreation bewusst. Rufe dir deinen inneren Schöpfungsraum und deine weibliche Fähigkeit zur Formgebung und zum Gebären in Erinnerung. Deine Kraft ist die Kraft deines Herzens, ist die Fähigkeit, mit dem Leben zu fließen, beweglich und gleichzeitig beständig zu sein und deine ganz besondere Magie zu verströmen.

Lebe deine Zyklen und verbinde dich mit deiner Natur

Deine weibliche Natur bewegt sich – wie die Natur insgesamt – in Zyklen. Selbst in Zeiten, in denen sich nichts zu bewegen scheint oder kein offensichtlicher Fortschritt stattfindet, entfalten sich die Dinge. Das einzig Beständige ist der Wandel. Das einzig Dauerhafte ist deine innere Kraft und deine tiefe Verbundenheit mit dir selbst.

Geh, wenn du Zeit hast, immer wieder hinaus in die Natur. Verbinde dich mit deinem Körper, mit Mutter Erde und der Wildheit in deiner Natur. Tauche ein in eine Spiritualität der Sinne, die das Tor zur Gegenwärtigkeit darstellt. Spüre dich von den Füßen bis zum Kopf. Lausche der Erde, den Bergen, dem Wasser, der Luft. Spüre Sonne, Wind und Regen auf deiner Haut. Tritt deine spirituelle Pilgerfahrt an: in deinem Körper und auf dem Körper von Mutter Erde. Vertraue seiner Weisheit. Vertraue seinen Impulsen. Vertraue darauf, dass ein kreatives Projekt wächst – so wie ein Kind im Mutterleib heranwächst– in der Gewissheit, dass es sich schon zeigen wird, wenn es soweit ist. Vertraue auf deine Impulse und Eingebungen, die du im Flow-Orakel der Kraft erhältst. Baue darauf, dass du im kreativen Prozess den richtigen Moment zum aktiven Handeln spüren wirst.

Entfalte die Kraft deiner kreativen Seele

Lausche dem Klang deiner ursprünglichen wilden Seele. Halte inne, werde dir deiner Atmung bewusst, werde langsamer. Fühle, erkunde und erspüre die heilenden Kräfte, die dich zu deiner eigenen tiefen weiblichen Weisheit führen möchten. All das, was die Schamanen und weisen Menschen in allen Traumzeit-Kulturen zeigen, ist dein Geburtsrecht. Du bist die „Wilde Frau“, die Schamanin, Priesterin, (Lebens-)Künstlerin und Hüterin der Erde. Du bist die schöpferische Frau mit Sonnenbewusstsein – mit Sensitivität, Weichheit, Empathie, Hingabe, Medialität, Kreativität, Herzensstärke und Gefühlstiefe – Mit-Schöpferin, Gestalterin und weibliche Führungskraft der Neuen Zeit.

Lebe die Göttliche Künstlerin in dir

Engagement ist eine Sache der Freude

– NATALIE GOLDBERG –

Kreativität ist Spiritualität, ist Selbstheilung, ist Heilung. Kreativität erhebt dich in einen höheren Bewusstseinszustand. Spielerische Kreativität ist deine höchste wahre göttliche Natur. Im kreativen Tun und Erwachen gehen wir in Kontakt mit unserer Freude und holen das tiefere Wissen des Höheren Selbst auf die Erde.

Deine Kreativität ist die Quelle für inneres Wachstum, für Lebensfreude und Lebenslust. Sie ist ein Gemütszustand, ein Lebensgefühl, eine Ausrichtung. Kreativität ist Gottes Geschenk an dich und fördert die Produktion von Glückshormonen. Kreativität bedeutet, sich von Intuition und Weitsicht leiten zu lassen, zu experimentieren, zu träumen und seine Träume zu verwirklichen.

Jeder Mensch ist ein Künstler

Das Leben ist ein Atelier, das Leben ist ein Tanz, eine Reise, freies Spiel und viel Improvisation. Jedes schöpferische Tun ist eine Form von Spiel, eine Form von Flow – ist Expedition zum Selbst, Imagination und kreatives Abenteuer pur.

Kreativität geht weit über das kreative Schaffen in klassischer Form hinaus und ist nicht nur für Designer und Berufskünstler reserviert. Jeder Mensch ist kreativ, da er mit der Fähigkeit geboren wird, Dinge zu erschaffen. Kreatives Schaffen ist ein Katalysator für Wandlung, ein Prozess der Alchemie. Kreatives

Bewusstsein kommt ins Spiel, wenn neue Ideen, Lösungen oder Ansätze entwickelt werden. Kreativität ist immer der Ausdruck deiner Seele, ist Seelenpflege und Seelenfutter und öffnet das Tor zu neuen Denk- und Handlungsräumen, zu Gewahrsein, Gestaltungskompetenz und alles umfassender Intelligenz.

Alle Kunst führt zum Göttlichen Kind

Mit der freien Entfaltung deines kreativen Göttlichen Selbst begegnest du der Weisheit deines Herzens, deinem göttlichen Kind, deinem lebendigen, kraftvollen, schöpferischen und erfüllten Sonnenkind, das sich frei ausdrücken und spielen will. Das Sonnenkind ist Meister im „Anfängergeist" und „Guru" im unmittelbaren Erleben. Freude, Spontanität, Wildheit und kreativer Ausdruck sind sein Metier. Frei vom konditionierten Verstand bringt es Lebensfreude, Humor und Lebendigkeit in deinen Erwachsenen-Alltag. Es ist pures Schöpferwesen und löst Probleme nicht durch Nachdenken, sondern durch Neugier, Herzenswissen und Verspieltheit.

Sei wie ein Kind, das spielen will, selbstvergessen, alle Vorstellungen von perfekt und unvollkommen beiseitelassend. Spüre, lausche, warte. Verwurzele dich im Boden deiner Seele, lass das Samenkorn in der Dunkelheit reifen, warte und du erntest reife Früchte. Lass den Samen deiner wahren Natur hervorsprießen. Gib dich hin, lass das Leben sich entfalten, gönne dir Ruhepausen vom geschäftigen Alltag. Sei Kanal für das, was sich zeigen will. Du wirst Dinge in dir entdecken, die schon immer da waren und nur scheinbar verloren gegangen sind.

Lass deine Seelenkräfte frei fließen. Verbinde dich mit dem Universellen Bewusstsein, dem ewig kreisenden Tanz der Kräfte von Yin und Yang. Lass dich vom Glitzern des Morgentaus in der Sonne oder vom Leuchten der Sterne am Nachthimmel inspirieren. Lade die Kindheit, den Bewusstseinszustand des offenen Staunens, ein und erlebe die befreiende Kraft deines kreativen Ausdrucks. Es gibt viele Möglichkeiten, sich kreativ auszudrücken, Verbundenheit und Fülle zu erfahren und Träume spielerisch zu verwirklichen. Schöpferisches Gestalten – wie zum Beispiel Spielen, Kritzeln, Krakeln, Schreiben, Malen, Meditieren und Tanzen – ist das Medium, das schon immer den Möglichkeits(t)raum der Menschheit erforscht hat.

Alle Kunst führt in die Verwirklichung von Träumen

Deine Tagträume und Nachtträume sind oft der direkteste und kraftvollste Weg deiner Seele, um mit dir zu kommunizieren. So wie die Sonne immer wieder aus der Nacht geboren wird, keimen unsere Einsichten und Zielvorstellungen in der Dunkelheit des Mondes. Was möchtest du erschaffen? Ein Bild, ein Buch, eine bestimmte Karriere oder eine Beziehung? Öffne dein Herz und deinen Geist für deine Herzenswünsche und entdecke mithilfe kreativer Ausdrucksformen (wie beispielsweise dem bewussten Träumen im Collagebild-Skizzenbuch), wie du deine schöpferische Kraft erkunden, die Kraft deiner Gefühle in kreative Kraft und Formgebung umwandeln kannst. Mit kreativem Tun kannst du den Einfluss deines zensierenden Verstandes mit all seinen Befürchtungen, Kritikpunkten und Ängsten abschwächen und deine Lebensträume aktiv verwirklichen.

Im Raum des kreativen Erlebens ist der Prozess wichtiger als das Produkt, deine Gefühle und Gedanken sind Schalter deiner Wirklichkeitsveränderung, da sie Molekularverbindungen verändern und damit auch Lebensveränderungen und Heilungsmechanismen in Gang setzen.

Das Leben ist dein Spiel und dein Kunstwerk

Im Leben erfahren wir häufig nicht das, was wir uns wünschen, sondern das, was wir im Bewusstsein *sind*, also das, womit wir in Übereinstimmung sind, das, was wir von uns selbst glauben, weil es unserem Selbstbild entspricht, und das, was zu begrüßen und zu empfangen wir in der Lage sind.

Wenn sich in deinem Leben alles nur noch um übermächtige negative Glaubenssätze und Überzeugungen, um eine Kontrolle von Gefühlen und Gedanken dreht oder um das Hamsterrad der alltäglichen Pflichten, dann ist es höchste Zeit, die Kunst des Spielens in deinen Alltag einzuladen!

Dann ist es allerhöchste Zeit, deine wahre Berufung und Natur hervorzulocken und Glückseligkeit, Fülle und Erfüllung zu erfahren.

Wissenswertes über die Kultur der Maya

Wer waren die Maya?

Die Maya-Kultur war eine Hochkultur in Mittelamerika, die zwischen 3000 v. Chr. bis ca. 1500 n. Chr. existierte. Die Maya glaubten an eine zyklische Ordnung der Welt, an eine zielbestimmte Schöpfung – an eine Welt in Harmonie. Ihre Wissenschaft war nicht von Religion, Naturbeobachtung und Philosophie getrennt. Sie waren Wissenschaftler, Künstlerinnen, Astronomen, Alchemisten, Heilerinnen, Priesterinnen, Architekten. Als eine der größten Sonnenkulturen der Erde lebten die Maya in Teilen von Guatemala, Honduras, El Salvador, Belize, Mexiko und der Halbinsel Yucatan.

Die Weltsicht der Maya war eine Kosmologie der Verbundenheit. Für die Maya war der ewig schöpferische Prozess des Universums ein Schöpfungsstrom, eine konstante Bewegung aus Zyklen von Geburt, Tod, und Neugeburt. Ein Spiel von vielfältigen Spielern, in dem *Alles mit Allem* verbunden ist. Alles nimmt eine Form an, bevor es irgendwann wieder erlischt und neu geboren wird.

Das ganze Leben der Maya hat sich an der Bewegung und den Positionen der Himmelskörper orientiert. Es war von höchster Priorität, welche Positionen die Himmelskörper zu welcher Zeit einnahmen. Die Maya bezogen auch die unsichtbaren Kraftlinien der Landschaft und des Kosmos in ihr tägliches Leben und in ihre Architektur mit ein. Sie berücksichtigten sowohl kosmische als auch irdische Gesetzmäßigkeiten.

Der Heilige Kalender der Maya, der TZOLKIN („Zählen der Tage"), beruht auf sehr exakten astronomischen Erkenntnissen. Für die Sonnenumlaufbahn der Erde errechneten die Maya bis auf eine tausendstel Dezimalstelle genau die von der modernen Wissenschaft kalkulierte Zahl. Darauf aufbauend waren sie auch in der Lage, sehr genaue Horoskope zu erstellen. Der TZOLKIN ist aber noch viel mehr als nur ein Kalender oder die Basis für ein Horoskop: Er ist ein Resonanzfeld, ein Code, um mit dem Galaktischen Geist – Erde, Sonne, Planeten etc. – in persönlicher Interaktion zu kommunizieren. Der Maya-Kalender handelt vom Wissen um die Evolution des Bewusstseins im Schöpfungsfluss. Er beruht nicht auf einer linearen Zeitmessung, sondern auf dem Schöpfungsstrom und der Messung der Schöpfungsabsicht.

Die Spiritualität der Maya

Für die Maya als Adepten der Harmonie und Weber der Zeit bestand die Wirklichkeit aus einem intelligenten Gewebe von Schwingung, Licht und Klang, die sowohl im sichtbaren als auch im unsichtbaren Bereich tönen. Als „Kinder der Sonne" kommunizierten sie mit dem machtvollen Bewusstsein der Sonne, deren Kraft nicht nur eine physische Energie, sondern auch eine lebendige spirituelle Kraft ist. Sie ist die „Hüterin der Lichtkraft". Die Sonne, das „Herz und der Geist unserer Galaxie", empfängt die Informationen vom Schöpfergott HUNAB KU und gibt sie als Bote an die Erde weiter. Aus dem Schöpfergott HUNAB KU (Zentralsonne: „Der Eine, der Bewegung und Maß verleiht") entspringt der galaktische Code, der TZOLKIN, der sich in Pulsschlägen spiralförmig, im und gegen den Uhrzeigersinn aussendet.

Den Lehren der Maya zufolge sind die Sterne der Ort unserer Herkunft. Der „Rückweg zu den Sternen" ist der galaktische Kreislauf der Erinnerung, durch den alle Wesen in den „Dreizehnten höchsten harmonischen Himmel" zurückfinden.

Erkenntnisse der modernen Wissenschaft, wie zum Beispiel der Quantenphysik, bestätigen das alte Wissen der Maya-Hochkultur. Experimente belegen die Existenz eines ursprünglichen Energiegewebes, die Existenz von Paralleluniversen und die Gleichzeitigkeit von Geschehnissen. In der Sprache der Quantenphysik können wir sagen, dass zwischen allem Lebendigen ein elektromagnetischer Austausch von Lebensenergie stattfindet. Die Photonen (Lichtteilchen) der Sonne und die Photonen des Menschen stehen in Resonanz, befinden sich in Kommunikation und Energieübertragung. Quantenphysikalische Experimente zeigen, dass wir alle auf der Teilchenebene mit allem verbunden sind, auch mit den Sternen. Die Sterne mögen Lichtjahre von uns entfernt sein – und doch sind wir zutiefst mit ihnen verwandt, denn wir bestehen aus Asche von mindestens drei Sternengenerationen. Wir sind Sternenstaub. Wir sind Sternenkinder. Du bist ein Stern!

Die Maya und die Dimensionen der Zeit

Das nicht lineare Zeitverständnis der Maya wie auch der Quantenphysik bewegt sich als eine zeit- und raumlose Wirklichkeit in verschiedenen Dimensionen gleichzeitig. Ihre Zeit entfaltet sich von einem Mittelpunkt aus strahlenförmig in einer ein- und ausdrehenden spiralförmigen Bewegung, in einer immer wiederkehrenden rhythmischen Wiederholung von Zyklen. Ihr Zeitbegriff setzt sich aus zwei Grundprinzipien des Schöpfergottes HUNAB KU zusammen: aus dem Maß (Sonnenzeichen/KIN) und aus der Bewegung (Zahlen/Töne). HUNAB KU ist der ATEM, der in jedem Augenblick die Schöpfung durchwebt. Alles geschieht innerhalb des Göttlichen, in der Einheit des Seins. HUNAB KU ist das Herz aller Wesen und jeder Einzelne von uns ist mit seinem Herzen daran angeschlossen. Die 13 Zahlen als Kräfte und Tore der Manifestation sind Frequenzvibrationen, Urimpulse und Initiationsstufen. Sie setzen die 20 Sonnenzeichen, die Kräfte und Tore der Evolution in Bewegung und repräsentieren den „Tanz der Kräfte von 1 bis 13", der immer ausdrucksstärker und zielgerichteter wird.

Die Sonnenzeichen und Zahlen der Maya als Frequenzvibrationen

Im TZOLKIN-Kalender wird jeder Tag des Erdenlebens durch eine bestimmte Tagesenergie (kosmische Schwingung/„Tagehüter"/KIN) charakterisiert. Das KIN besteht aus zwei Teilen: aus einem Sonnenzeichen und einer Zahl. Es gibt 20 Sonnenzeichen und 13 Zahlen und auf der Matrix von 13 x 20 damit 260 verschiedene Geburts-KINs und Tagesenergien. Alle 260 Kombinationen erzeugen das Resonanzfeld, das Wirklichkeit genannt wird. Alle Zeichen sind „Engel", „Klanggestalten" und „Musik".

Eine besonders große Bedeutung hat die Energie des Tages (KIN), an dem du auf die Welt gekommen bist. Genau wie dein Sternzeichen prägt dich dieses Grundmuster ein Leben lang. Dieses KIN ist deine Ur-Essenz, deine Lebensaufgabe und Bestimmung. Es ist wichtig zu beachten, dass der Maya-Kalender von José Argüelles, der in Europa überwiegend bekannt ist, nicht mit den Tagesenergien des ursprünglichen heiligen TZOLKIN-Kalenders der Maya-Hochkultur übereinstimmt.

Die 20 Sonnenzeichen

Die 20 Maya-Sonnenzeichen sind lichtcodierte Seelenfelder, „Engelsgesichter des Göttlichen", Archetypen und Tore zur göttlichen Urenergie. Sie sind Katalysatoren, die das Erwachen des Bewusstseins unterstützen. Sie sind Grundlage aller schöpferischen Prozesse. Sie repräsentieren in allen Dimensionen alle Energien und die dahinterstehenden Myriaden von Wesenheiten, die für unser ganzes Universum zuständig sind. Die 20 Sonnenzeichen mit ihren Zahlen sind eine Linse, durch die wir beispielsweise auch die Kraft einer Tagesenergie betrachten können. Die 20 ursprünglichen Maya-Sonnenzeichen, wie sie im Buch aufgelistet zu finden sind, gibt es in verschiedenen Varianten. Sie schwingen ab einer vierdimensionalen Frequenzebene.

Ein Zyklus beinhaltet 20 Schritte. Der Anfang eines Zyklus ist IMIX, die Kraft der beginnenden Schöpfung; das Ende eines Zyklus ist AHAU, die Kraft der bedingungslosen All-Selbst-Liebe. Als Menschen durchlaufen wir die meisten Lebensprozesse immer wieder auf verschiedenen Bewusstseinsebenen. Ein Zyklus löst den nächsten ab und das „Spielfeld der Seele" beginnt auf einer anderen Dimensionsebene von neuem.

Die 13 Zahlen und die 13-teilige Welle

Die Zahlen sind nicht ausschließlich physische Mengen. Alle Zahlen repräsentieren Frequenzen, Töne, und unterschiedliche strahlende Energien. Sie sind der „Motor des Universums". Ein Zyklus schließt 13 Stufen ein: von Zahl 1 (Einheit) bis 13 (Universelle Bewegung). Ein Punkt entspricht einer Einheit, ein Balken sind fünf Einheiten; eine stilisierte Muschel steht für eine Null. Die Zahlen stellen den Ablauf und die Entwicklung aller schöpferischen Prozesse dar.

Die Maya-Kosmologie arbeitet mit der 13-teiligen Welle. Eine Welle besteht aus einem Anstieg der Welle (Zahl 1 bis 6), einem Brechpunkt der Welle (Zahl 7) und einem Abstieg der Welle (Zahl 8 bis 13). Die Zahl 13 ist die Zahl des ewigen Rhythmus des Universums und steht für die 13 Neumondzyklen. Sie verkörpert die Balance von männlicher und weiblicher Energie. Die 13 ist das Tor zu innerer Kraft, zu einem hohen Wissen um Zyklen und Kreisläufe. Bei der 13 gibt es keine Halbwahrheiten. Die 12 ist die Zahl der Sonnenmonate, die 13 die Zahl der Mondmonate. Beide sind als Reflexion des Göttlichen von gleicher Wichtigkeit.

Die Maya und universelle Weisheit

Mit den Kräften der Liebe suchen die Fragmente der Welt einander, auf dass die Welt sich vollende.

– TEILHARD DE CHARDIN –

Die Maya wussten wie alle Weisheitstraditionen, dass die Grundstruktur des Universums Einheit, Verbundenheit und Liebe ist. Die Welt ist ein großes Netz, in welchem „Alles mit Allem“ verbunden ist. Am Anfang ist das reine absolute Bewusstsein, die „ewige Künstlerin“ oder der „ewige Künstler“, der sich in viele aufteilt und dennoch ganz bleibt. Schöpfung ist Manifestation des Einen im Vielen. Schöpfung ist Polarität: Yin- oder weibliches Prinzip, Yang- oder männliches Prinzip und die Illusion des Getrenntseins. Polarisierte Standpunkte sind aber eine Ergänzung, denn durch sie entsteht der Tanz der Kräfte.

Alle Schöpfungsmythen erzählen im Kern von Verbundenheit. Im Schöpfungsmythos der Hopi begann die Welt damit, dass Großmutter Spinne ein großes Gewebe erschuf, auf dem ihre Kinder leben konnten. In den indischen Veden wird das Reich des großen Gottes Indra als wundervolles Gewebe beschrieben, das alles verbindet. Die Welt der keltischen Spiritualität ruht im Kreis der Jahreszeiten, im Rhythmus und in der Weisheit der Natur. Unser Atem ernährt die Pflanzen und ihr Atem ernährt uns. Sichtbares und Unsichtbares sind immer im Kreis des Lebens miteinander verbunden. Es gibt keine Trennung von sichtbarer Welt und Traumwelt.

Die Tradition des wissenschaftlich-analytischen Weltbildes mit dem Credo „Gott im Himmel und wir auf der Erde“ nimmt auseinander, dividiert und unterscheidet. Dieses Weltbild trennt in innen und außen, in heilig und unheilig, in Erde und Geist, in Gott und Mensch. In Wahrheit ist aber alles göttlich, alles heilig und gerade dieses Spannungsverhältnis zwischen der Erde und dem Geist ist die Quelle und Geburt aller Kreativität, aller Spiritualität. Eine Kosmologie der Verbundenheit bietet zudem eine Vielzahl von gesundheitlichen Vorteilen, wie z. B. weniger Stress und fördert stattdessen Mitgefühl und Kreativität.

Die Weisheit der Maya entspringt derselben Quelle der tiefen Wahrheit aller heiligen Traditionen auf der Welt. Die ursprüngliche Wahrheit tritt in vielen Gewändern auf und hat im Kern doch eine Essenz. In vielen Weisheitstraditionen gilt das Herz als das Zentrum von Liebe und Weisheit, als das Tor zum wahren Selbst. Jede spirituelle Tradition unterscheidet das selbstsüchtige kleine Ego vom großen schaffenden Höheren Selbst. Das Ziel aller spirituellen Wege, ob Yoga, Kabbala, Tao, Alchemie etc. ist die Erkundung des inneren Raumes. Erst aus Selbsterkenntnis erwächst eigenständiges Denken und Handeln und schöpferische Freiheit, eine Erleuchtung des Herzens und ein co-kreatives Bewusstsein. Alle spirituellen Praktiken , sei es Gebet, Körpergebet, Meditation oder Kontemplation, wollen das „intuitive mystische Gehirn“, die Brücke zum „Meer aller Möglichkeiten“ aktivieren und den Einfluss des „linearen rationalen Gehirns“ abschwächen beziehungsweise ausschalten.

Die Maya und die Weisheit des Urchristentums

Yeshua sagte: Wenn ihr zwei zu einem macht, werdet ihr Menschenkinder werden. Und wenn ihr sagt: „Berg bewege dich", so wird sich der Berg bewegen.

– LOGION 106, THOMAS-EVANGELIUM –

Die Basis des Urchristentums ist – wie bei den Maya – ein Pfad der Verbundenheit und ein Pfad des Herzens. Man könnte auch von einem Lichtkörper-Prozess sprechen. Jesus Christus als Verkörperung der universellen grenzenlosen Liebe säte vor über 2000 Jahren ein neues „Licht der Liebe" auf der Erde aus. Als strahlendes Lichtwesen musste auch er, wie alle Lichtarbeiter, den dunklen Kräften des Universums entgegentreten.

Jesus Christus erzählte vom Königreich des Himmels, dem Königreich der Liebe. Sein Weg und unter anderem auch der Weg von Maria Magdalena war der non-duale Weg des Herzens. Erst das Christentum als Institution hat über die Jahrhunderte hinweg ein dualistisches Weltbild geschaffen, hat im Verlauf seiner Geschichte eine Religion des Glaubens und der Erlösung gepredigt, hat Schriften, wie die Apokryphen (zum Beispiel das Thomas-Evangelium und das Evangelium der Maria Magdalena) nicht in den biblischen Kanon mit aufgenommen, ein rein männliches Gottesbild installiert und weibliche Gottesbilder verdrängt. Gott ist aber weder Mann noch Frau, sondern „Alles, was ist". Gott ist der „Vater-Mutter-Kosmos" (ABWUN).

Als ein Mann, der seine Anima integriert hatte, zeigte Jesus eine hohe Wertschätzung für das Weibliche auch in sich selbst. Er lebte und lehrte aus der Integration seiner männlichen und weiblichen Seelenanteile. Die Entdeckung und „Auferstehung der Göttin" in unserer Zeit ist Erinnerung und Wiederkehr der weiblichen Kraft, des weiblichen Anteils der Gottheit und die lange verdrängte Anima im kollektiven und persönlichen Bewusstsein. Die Zeit ist reif, das männliche und das weibliche Prinzip im Herzen zu vereinen. Die Zeit ist reif, dass Anima und Animus in uns nachreifen und Heilung erfahren. Der gesunde Animus im Mann wie auch in der Frau ist der beste Freund der Anima. Er hört zu, tröstet, gibt Schutz und Mitgefühl.

Als Prophet lehrte Jesus in poetisch-rhythmischer Bildsprache, in Versform wie in den Psalmen, damit seine Worte einprägsamer wurden und auch besser mündlich weitergegeben werden konnten. Zwei Varianten der aramäischen ursprünglichen Worte der ersten Zeile des „Vater Unser Gebets" (Abwûn d'bwaschmâja) lauten: „Du Strahlende(r): Du scheinst in uns und außerhalb von uns – sogar die Dunkelheit leuchtet, wenn wir uns erinnern", und „ O Gebärer(in)! Vater, Mutter des Kosmos, alles, was sich bewegt, erschaffst du im Licht".

Diese ursprünglichen Worte zeigen, dass Jesus Christus von einem liebenden Vater-Mutter-Gott und einem „Inneren Himmelreich der Einheit" predigte, das jeder von uns verwirklichen kann, um den „Himmel auf Erden" zu installieren. Er sah alle Menschen als eins mit Gott (ABWUN) und dazu heißt es: „Wohl habe ich gesagt: Ihr seid Götter und allzumal Söhne und Töchter des Höchsten" (Psalm 82,6), den er mit dem Namen Abba, dem aramäischen Wort für „Vater", anredete.

Frieden und wahre (Selbst)Liebe erwachsen nicht aus dem Intellekt, sondern aus der Tiefe des Herzens, aus der Erfahrung der Einheit aller Wesen, aus dem gefühlten Wissen, dass Gott-Liebe in meinem Atem mitströmt, in meinem Blut mitfließt und in meinem Körper-Kosmos beheimatet ist. Diese Liebe berührt sich selbst, den anderen und die Welt. Sie ist eine natürliche Liebe, die aus der Erfahrung des Höheren Selbst, des Nicht-Getrenntseins und einer Integration von Animus und Anima, entsteht.

Bei den Maya wird die Erfahrung der Einheit und Liebe mit den Worten IN LAK'ECH (In la:kesj) ausgedrückt. Dieser Maya-Gruß ist das Prinzip universeller Liebe und bedeutet so viel wie „Ich bin ein anderes Du". Die Maya drückten damit aus, dass wir alle eins sind beziehungsweise verschiedene Aspekte des Einen verkörpern. Wie jede universelle Weisheit ist auch die Maya-Weisheit eine gelebte Herzensweisheit, bei der das Herz im Dialog mit der Vergangenheit, der Gegenwart und der Zukunft, im Dialog mit dem Göttlichen ist.

Praxisteil: Die Anwendung der Karten

Wie du das Flow-Orakel der Kraft nutzen kannst

Das Flow-Orakel der Kraft bietet dir als Kreativ-Coach und spiritueller Wegweiser 20 Sonnenzeichen und 13 Zahlen an. Diese sind „Engel" und „reale Schwingungsfelder des Wissens" aus einer anderen Dimension – dem Raum des universellen Bewusstseins. Solche Orakelkarten sind ein uralter Pfad der Wegweisung. Sie funktionieren wie ein Spiegel, in den du hineinschauen kannst.

Das Flow-Orakel der Kraft unterstützt dich darin, Antworten auf Fragen in deinem Inneren zu finden. Es ermutigt dich, eine Verbindung zu deinem inneren Wesen herzustellen, einen Blick in das dir Verborgene, das noch Unbekannte zu werfen.

Bei einer Befragung verlässt du die Alltagswahrnehmung des rationalen Denkens und das Analysieren deines begrenzten Ichs und stimmst dich auf die Weisheit deines Höheren Selbst ein. Deine höhere Fähigkeit zu Empfängnis und Empfindung, zur Resonanz versetzt dich in die Lage, dich wie ein Gefäß empfangsbereiter auf die schöpferische Quelle des Kosmos einstellen zu können. Überlasse die Lösung deiner Probleme, Fragen und Herausforderungen deiner höheren Intelligenz – deinem intuitiven Herzenswissen.

Mit diesem Orakel kannst du stärkende Energien aktivieren. Du kannst es in jeder Lebenslage nutzen, um

- deine persönliche Kraft aufzubauen,
- deine weibliche Schöpferkraft in Form von Kreativität und Co-Kreativität zu aktivieren,
- eine „heilige Beziehung" zu deinem Höheren Selbst herzustellen,
- deine Ressourcen und inneren Kraftquellen mit Bildern aufzurufen,
- deine Interaktion mit dem Spirit/Geist zu fördern,
- dein emotionales seelisches Gleichgewicht wiederherzustellen,
- Antworten und Lösungen im deinem Inneren zu finden,
- deine Intuition zu schulen,
- zu meditieren,
- Entscheidungen zu treffen,
- dein persönliches und universelles weibliches Bewusstsein zu fördern,
- deine eigene Rolle im „Großen Plan" mehr und mehr zu erkennen.

Allgemeine Spielanleitung

1. Zentrierung: Suche dir einen ruhigen Platz, zünde eine Kerze an, wenn du magst, und atme mindestens dreimal langsam ein und aus. Spüre deinen Atem. Spüre deinen Körper. Lass dein Bewusstsein in den Raum der Stille

sinken. Zentriere deine Energie auf eine präzise Fragestellung. Kreiere ein Bild vor deinem inneren Auge und konzentriere dich darauf.

2. Stelle eine Absichtserklärung auf: „Ich . . . . [nenne deinen Namen] möchte Klarheit und innere Führung über . . . . [nenne dein Thema] erhalten. Danke!"
3. Teile die Karten nach den Sonnenzeichen und Zahlen in zwei Stapel und mische diese jeweils, während du dich weiter auf dein Anliegen konzentrierst.
4. Ziehe aus jedem Deck eine Karte, sodass du 2 Karten vor dir liegen hast, oder ziehe nur 1 Karte aus einem der beiden Decks. Du kannst dich auch für eine andere Variante entscheiden.
5. Empfange die Antwort aus deinem Inneren und ziehe das Begleitbuch heran. Beachte, dass jede Sonnenzeichenkarte eine bestimmte Position oder Abfolge von 1 bis 20 im Maya-Rad hat. Die Schöpfung (IMIX) ist zum Beispiel die Zahl eins. IMIX (1) steht in Beziehung zur Zahlenkarte Eins (1).

Die Phasen eines kreativen Prozesses laufen nicht linear und streng voneinander getrennt ab. Sie wiederholen sich, fließen ineinander und pendeln hin und her.

Entspanne dich. Es ist ein Spiel. Es ist kreative Meditation.

Das Auslegen der Karten

Mische die Karten und ziehe eine oder zwei Karten. Du kannst eine Tageskarte, eine Wochenkarte oder auch eine Monatskarte ziehen.

Jede Karte zeigt immer nur einen Teil des Ganzen. Deshalb kannst du auch keine „falsche" Karte ziehen. Du selbst bist das eigentliche Orakel. In dir liegt die Antwort. In dir liegt das Spielfeld der Seele.

Offene Bildbetrachtung – Das Spiel der meditativen Bildbetrachtung

1. Du kannst mit dem Kartenset sehr intuitiv arbeiten. Lass die Karten auf dich wirken, ohne vorher deren Bedeutungsspektrum nachgelesen zu haben. Die einfachste und direkteste Art und Weise des Umgangs besteht darin, nur die Bilder zu betrachten und diese sozusagen in dir spielen zu lassen. Meditiere mit den Bildern, mit den Webmustern, den Symbolen und Glyphen. Lausche deinen Körperempfindungen und Gefühlen, schenke deiner inneren Weisheit Gehör. Was will dir das jeweilige Bild mit seiner Glyphe mitteilen? Wie sprechen die Farben und Formen zu dir?

2. Meditiere mit dem Wort im Bild. Du kannst dieses Wort als Mantra nutzen. Jedes Wort bringt eine andere Saite in dir zum Schwingen. Nutze das Wort zur Entspannung und Stärkung, als Impuls für neue Ideen.

3. Betrachte alle Karten aufmerksam. Welche Karte spricht dich momentan am meisten an und welche am wenigsten? Lies dann zu der Karte, die dir am besten gefallen hat, die Lichtweisheit nach und über die andere die Licht- und Schattenweisheit.

4. Atme und bewege dich intuitiv aus der Körperhaltung und Grundbewegung heraus, die du auf den Bildern siehst. Was will sich bewegen? Was passiert? Was fühlst du mit deinem Körper, wie sieht die Körperresonanz aus?

Offene Bildbetrachtung – Das Spiel zur Aktivierung deiner Ressourcen

Suche dir aus allen 20 Sonnenzeichen dasjenige aus, das im Moment das stärkste positive Gefühl in dir auslöst. Dieses Bild kann dir als Ressource dienen. Schreibe positive Assoziationen dazu auf. zum Beispiel: „Vertraut auf ihr Fundament“, „freiheitsliebend“, „folgt ihrem Herzen“ etc. Notiere deine Lieblingsideen auf einem Blatt Papier. Konzentriere dich dann auf die dir wichtigsten Punkte. Formuliere aus diesen in Form eines Mantras einen Kraftsatz, der dich gefühlsmäßig anspricht und stärkt.

Konkrete Spielanleitung und Fragespiele

Das Fragespiel mit ein, zwei oder drei Fragen

1. Du ziehst eine Karte.
Die einfachste Fragestellung:
„Ich bitte um eine Karte für meinen momentanen Zustand“ (was soll ich darüber wissen?)

2. Du ziehst zwei Karten für Seelenfeld und Seelenzahl
Die einfachsten zwei Fragestellungen:
„Ich bitte um eine Karte für meinen momentanen Zustand“
„Ich bitte um eine Karte, die mir zeigt, was ich loslassen sollte“

3. Du ziehst drei Karten aus deinen gemischten Karten
Die einfachsten drei Fragestellungen:

„Ich bitte um eine Karte für meinen momentanen Zustand"
„Ich bitte um eine Karte, die mir zeigt, was ich loslassen sollte"
„Ich bitte um eine Karte, die mir zeigt, in welche Richtung ich gehen sollte"

Das Spiel der Polarität

Ziehe zwei Sonnenzeichenkarten mit der Frage:
„Welche beiden Gegensätze wollen ins Gleichgewicht gebracht werden?"
„Wo ist mein ‚Blinder Fleck'?" (Licht- und Schattenweisheit)

Das Spiel der Trinität

1. Ziehe drei Sonnenzeichenkarten, je eine für die Vergangenheit, die Gegenwart und die Zukunft.
2. Ziehe drei Sonnenzeichenkarten, je eine für die „größte Freude", das „Hindernis" und die „Brücke".

Mögliche Fragestellungen:
Welche Fähigkeiten schlummern in mir? Welche Talente, Stärken und Kompetenzen ruhen jetzt gerade in meinem Seelenfeld? Welches Seelenfeld steht mir momentan als Kraftfeld zur Verfügung?

Das Medizinrad

Ziehe je eine Karte für die vier Himmelsrichtungen.

- Osten: Die „Sonnen-Karte" ist der Kern deiner Idee.
- Süden: Die „Larven-Karte" ist der Anfang deiner Idee.
- Westen: Die „Kokon-Karte" steht für das Warum und die Zeit der Wandlung.

- Norden: Die „Schmetterlings-Karte" ist die Karte der übergeordneten Göttlichen Absicht.

Alle vier Karten zeigen die verschiedenen Phasen, die du oder das Projekt durchlaufen können.

Das Pflanzenrad

Ziehe fünf Karten für die Stadien des Lebenszyklus einer Blütenpflanze: Samen, Samenkeimung, Wurzelbildung, Stängelbildung, Blütenbildung. Alle fünf Karten zeigen die verschiedenen Phasen, die du oder das Projekt durchlaufen können.

Das Spiel zu zweit

Eine Freundin, die als zusätzlicher Spiegel fungiert, lässt die jeweilige Karte, die du gezogen hast, auf sich wirken und erzählt dir oder zeigt dir pantomimisch, was sie in der Karte sieht. Sie soll jedoch nicht an deiner Stelle interpretieren. Auf diesem Weg erhältst du zusätzliche Informationen.

Ein Tipp: Mach das nur mit wirklich guten Freunden oder Bekannten, also Menschen, die dein Vertrauen verdienen.

Weitere Möglichkeiten

Diese Spielmöglichkeiten sind nur einige Optionen, um mit dem Buch und den Karten zu arbeiten. Es gibt noch viele andere. Probiere intuitiv eigene Gedanken dazu aus.

Mögliche Fragen als Impulse zur Erkenntnis

Was braucht, will Aufmerksamkeit?

Worum geht es gerade jetzt in meinem Leben?

Was will ich wirklich?

Was hat Klärungsbedarf?

Was ist der nächste Schritt?

Wo brauche ich innere Führung?

Was zeigt mir diese Situation oder dieser Mensch?

Was ist der Kern des Lebensthemas, das mich derzeit beschäftigt?

Welchen Traum möchte ich manifestieren?

Was steht zwischen mir und der Erfüllung meiner Träume? (Schattenweisheit)

Welche Energie wird gerade jetzt benötigt?

Auf welcher Ebene befinde ich mich gerade? (Zahlenskala)

Was sollte ich ausreifen lassen? (Lichtweisheit)

Wovon will ich mich lösen?

Was will oder sollte ich umwandeln?

Was ist das Beste, was aus einer schwierigen Situation entstehen kann? (Lichtweisheit)

Welches Seelenfeld steht mir gerade jetzt hilfreich zur Seite?

Auf welche Weise kann ich jetzt meine schöpferischen Kräfte gut nutzen?

Was ist meine besondere Gabe?

Was ist das Potenzial meiner Seele?

Die Botschaft der Karten

Die 20 Sonnenzeichen – Die Kräfte und Tore der Evolution

Schöpfung

„Ich bin die Schöpfung – Ich bin die Kraft des Seins"

(IMIX: Position 1 im Maya-Rad)

Ruhe dich aus – Empfange – Nähre deine Wurzeln – Mach eine Pause – Vertraue dem Prozess des Lebens – Suche einen ruhigen Platz in der Natur auf – Geh in Kontakt mit Bäumen – Lass dich nähren – Übergib alles der göttlichen Führung – Zeit, etwas Neues entstehen zu lassen

Schöpfung / IMIX („imiiisch"/Maya: mütterliche Brust) ist deine weibliche Schöpferkraft, der Geist, der niemals stirbt, das „geheimnisvoll Weibliche". Die Große Göttin, die dich im „Wasser des Nährens" umfängt. Am Urquell des Lebens befindet sich die Wiege der Großen All-Mutter. Im Urwasser des weiblichen Schöpfungsaspektes findest du die nährende Kraft, die fürsorgliche Energie und die Liebe des Universums. Lass dich in die Höhle deines inneren Selbst sinken und wisse, dass du immer von den Armen des Göttlichen gehalten wirst. Vertraue auf deine Kraftquellen, aus denen neues Wachstum entstehen will. Vertraue, glaube an dich und wisse, dass die Große Göttin dich im Schoß der Schöpfung neuem Erwachen entgegenträgt. Entspanne Geist und Seele, bevor du zu neuen Taten aufbrichst.

Lichtweisheit: Quelle des Lebens, Urmutter, Göttin, weibliches Schöpfungsprinzip, Yin-Prinzip, Urvertrauen, Einheit, Neuanfang, Möglichkeiten der Schöpfung, Balance zwischen Geben und Nehmen, das alte Wissen der Erde.

Schattenweisheit: Mangel an Urvertrauen, Existenzangst, Kampf mit der Welt, sich ungenügend fühlen, sich selbst nicht gut versorgen können, aufopferndes Verhalten gegenüber anderen als „kosmische Mama".

Heilender Gedanke: „Ich bin in Liebe gehalten."

Impulse:
Gönne ich mir genügend Zeiten der Ruhe und Entspannung?
Vertraue ich meinen inneren Kräften?
Nähre ich mich auch selbst genug?

Inspiration

„Ich bin die Inspiration – Ich bin die Kraft des Geistes"

(IK: Position 2 im Maya-Rad)

Lass frischen Wind herein – Öffne dich – Empfange – Dehne dich aus – Etwas wird aufgewirbelt – Eine Situation braucht neue Impulse – Lass dich überraschen – Sei spontan und neugierig – Geh spazieren, bewege dich, tanze – Zeit, sich von geistigen Begrenzungen zu befreien

Inspiration / IK („ik" / Maya: Wind) ist deine Kraft des „Geist-Hineinbringens", dein göttlicher Atem, der hineinströmt und Leben einhaucht. Der bewegte Tanz des Windes lädt dich dazu ein, den männlichen Schöpfungsaspekt in dir aufzusuchen. Verlasse deinen Ruheplatz und komm in Bewegung! Nach einer Zeit des Ausruhens möchte der Geist der Inspiration mit dir spielen, dich in eine neue Schöpfung tragen. Sei ohne feste Vorstellungen, wie ein Kind, das vollkommen in sein Spiel versunken ist. Dein Körper ist der „Heilige Gral", das Medium, durch das der unbegrenzte Geist in dir Form annehmen will. Öffne dich der Fülle des „Mutter-Vater-Geistes". Verbinde dich mit dem Strom des Lebens. Verkörpere ihn mit deinem Ausdruck in dieser Welt. Lass dich bewegen. Lass dich selbst los!

Lichtweisheit: Quelle des Lebens, Urvater, männliches Schöpfungsprinzip, Yang-Prinzip, Spontanität, Kommunikation, sich für den Geist öffnen, Vereinen von Gegensätzen, Beginn des Herabziehens einer Idee in die Materie.

Schattenweisheit: Inspirationslosigkeit, Zweifel an Verbundenheit, Trennungsgefühle, Angst vor Einschränkungen, Angst vor Verantwortung, sich vom Göttlichen getrennt fühlen.

Heilender Gedanke: „Ich bin eins mit meinem schöpferischen Geist."

Impulse:

Kann ich mich der spontanen schöpferischen Kraft meines Geistes hingeben?
Was will (in mir) neu geboren werden?
Welche Ängste hindern mich daran, spontan und intensiv zu leben?

Intuition

„Ich bin die Intuition – Ich bin die Kraft der Seele"

(AKBAL: Position 3 im Maya-Rad)

Höre auf die Melodie des Universums – Ruhe unter dem Baldachin deiner inneren Weisheit – Erweitere dein Bewusstsein – Empfange neue Ideen – Lass innere Bilder fließen – Vertraue dich der „Nacht" an – Zeit, um sich für Intuition und innere Fülle zu öffnen

Intuition / AKBAL („akbal“ / Maya: Nacht) ist deine Kraft des Träumens, der Ort für den Blick nach innen. In AKBAL, im Heiligtum des Selbst, im großen Strom des Lebens, vereinen sich weibliche (IMIX) und männliche (IK) Kräfte zu neuem Wachstum. Werde still und lausche dem Mysterium deiner Seele. Lass dich mit jedem Ausatmen immer tiefer in deinen Körper sinken. Trinke aus der Quelle deines tiefen Wissens. Deine Traumbilder sind lebensnotwendige Botschaften, die dir helfen, deine neue Wirklichkeit zu erschaffen. Im zärtlichen Schutzraum von AKBAL kann noch nicht Sichtbares langsam Gestalt annehmen. Nun ist deine Zeit des großen Träumens. Nun ist die Zeit der Fülle deiner Ideen. Erfahre dich als bewusste Träumerin, als Webkünstlerin deines neuen Traums.

Lichtweisheit: Traumfeld, Meditation, Trance, Dunkelheit, Reise in das Selbst, Erforschung von Träumen, Ort des Blickes nach innen, Unterbewusstsein, Überfluss, Fülle annehmen, Stille, intuitives Denken.

Schattenweisheit: Angst vor Dunkelheit, Angst vor dem inneren Raum der Seele, Angst vor Veränderung, Depression, dem Ego verhaftet sein, an sich selbst zweifeln, Kontrolle.

Heilender Gedanke: „Ich bin meine tiefe Inspirationsquelle.“

Impulse:
Kann ich mich der Stille und den Bildern meiner Innenwelt anvertrauen?
Habe ich einen Platz, der mich nährt und mir neue frische Ideen gibt?
Kann ich meine Gefühle als tiefen Teil meines Selbst annehmen?

Lebenslust

„Ich bin die Lebenslust – Ich bin die Kraft der Entfaltung“

(KAN: Position 4 im Maya-Rad)

Ein Samen möchte wachsen und gepflegt werden – Ein Projekt braucht deine Aufmerksamkeit – Nähre deine Vorstellungskraft – Stell eine bildhafte Collage her – Hör auf deine innere Stimme – Von der Raupe zum Schmetterling – Zeit, um Ausgesätes langsam erblühen zu lassen

Lebenslust / KAN („kaan" / Maya: Samenkorn) ist deine Kraft der Entfaltung, der Zeitraum, in dem du anfängst, deine Projekte und Ideen – auch deine Ideen über dich selbst – mit Achtsamkeit, Lebenslust und Fürsorge zu nähren. Auf dem fruchtbaren Boden von AKBAL keimen jetzt neue Lebenskräfte. Versenke dich liebevoll in das Wachsen deiner neuen Schöpfung. Formuliere aus vollem Herzen eine klare Absicht. Nach einer Zeit des Träumens repräsentiert KAN deine Pflege und dein konkretes Handeln im Einklang mit deiner Seele. Mit deiner Liebe vermagst du deine Samenkörner mit Lebenslust und Kreativität zum Blühen zu bringen. Schicke deinen Atem bis in deine Füße. Verwurzele dich mit dem Boden und wisse, dass der Samen nicht aus der Erde gepresst werden kann, wenn er noch nicht zum Erblühen bereit ist.

Lichtweisheit: Keimung, Reifung, Schöpfung, Entwicklung, Herzenswünsche, Enthusiasmus, sich für neue Möglichkeiten öffnen, fruchtbaren Boden bereiten, mit etwas schwanger werden.

Schattenweisheit: Angst vor Risiko, Unsicherheit, begrenztes Selbstverständnis, Sicherheitsdenken, Selbstzweifel, Ego- und Verstandeskontrolle, Einschränkung neuer Möglichkeiten.

Heilender Gedanke: „Ich bin das träumende Samenkorn."

Impulse:

Was will ich wirklich aussäen?
Welcher meiner Samen soll aufkeimen und braucht besondere Pflege?
Habe ich den Boden für das neue Wachstum gut vorbereitet?

Lebenskraft

„Ich bin die Lebenskraft – Ich bin die Kraft der Lebensenergie“

(CHICCHAN: Position 5 im Maya-Rad)

Spüre den Lebensstrom der Erde – Nimm Bodenkontakt mit deinem Becken auf – Bring Freude in deinen Alltag – Spüre das Strömen der Lebensenergie im Körper – Folge deinen inneren Impulsen – Lausche der Weisheit deines Körpers – Spüre deine weibliche Urkraft – Zeit, um Vitalität aufzubauen

Lebenskraft / CHICCHAN („tschiktschan" / Maya: Schlange) ist deine Kraft der Lebenskraft, die dich auffordert, deinen physischen Körper bewusst wahrzunehmen, um Zugang zu seiner Weisheit und Intuition zu erlangen. Der Platz von Freundschaft und Intimität mit dir selbst und anderen fordert dich auf, ganz in deinem Körper lebendig zu sein. Am Grunde deines Beckens wohnt die rote Kundalini-Lebenskraft zusammengerollt wie eine Schlange. Sie erweckt im Schöpfungsraum das, was du ausgesät hast. Erde und verwurzele dich über deinen Beckenboden. Komm ganz im Tempel deines Körpers an. Lausche seiner Weisheit. Im Körper liegt der Schlüssel zur vollständigen Erweckung des Bewusstseins. Heilung und Erleuchtung finden *durch* die Sinne statt, da in den Körperzellen ein intelligentes Bewusstsein lebt, das klare eindeutige Botschaften übermittelt.

Lichtweisheit: Körperbewusstsein, Körperweisheit, Sexualität, Vitalität, Kreativität, Lebensfreude, Empfänglichkeit, Kundalini-Energie, Überlebensinstinkt, Integration von physischem, mentalem und emotionalen Körper, der Körper als Instrument der Offenbarung.

Schattenweisheit: Überbewertung körperlicher und sinnlicher Wünsche, Angst vor Intimität, starre Gewohnheiten, Skrupellosigkeit, sexuelle Probleme, Süchte, Gefühllosigkeit, überaktive, vom Ego und Verstand bestimmte Wünsche.

Heilender Gedanke: „Ich bin der Fluss der Lebensenergie."

Impulse:

Bin ich im Tempel meines Körpers gut zu Hause?
Nähre ich meine Intuition, Lebenskraft und Lebensfreude?
Lebe ich physisch ganz im gegenwärtigen Moment?

Befreiung

„Ich bin die Befreiung – Ich bin die Kraft des Loslassens"

(CIMI: Position 6 im Maya-Rad)

Akzeptiere – Vertraue dem „Stirb und Werde" des Lebens – Lass los – Etwas Neues will geboren werden – Verabschiede Unstimmiges – Sortiere aus – Gib dir einen Schubs in eine neue Richtung – Fließe mit dem Fluss des Lebens – Zeit, um Altes loszulassen

Befreiung / CIMI („kimi" / Maya: Tod, Weltenüberbrücker) ist deine Kraft des Loslassens von Dingen, Personen und Situationen, die deinem Wachstum nicht länger von Nutzen sind. Ohne das Sterben einer Situation oder eines Teils von dir gibt es keinen Neuanfang. Die „Weltenüberbrückerin" weiß, dass es keinen wirklichen Tod gibt, dass das Leben ein immerwährender Kreislauf von Tod, Geburt und Neugeburt ist. CIMI ist das grüne Wachstum im symbolischen Tod. Je tiefer du loslässt, desto höher steigt dein Bewusstsein, desto mehr empfängst du das lebendige Leben. Lass alte Muster los, um auf das neue große Unbekannte, die neue Geburt zuzugehen. Lass eine nicht mehr wachstumsfördernde Situation oder eine dich nicht mehr inspirierende Person los. Fürchte dich nicht! Du bist die Raupe, die allmählich zum Schmetterling wird.

Lichtweisheit: Altes loslassen, freigeben, Hingabe, Demut, Offenbarung, Neugeburt, der „immergrüne Baum", Auferstehung, „Dein Wille geschehe", Transformation, neue Entwicklungen, „der Tod als Lehrer".

Schattenweisheit: Kontrollzwang, Angst, Kampf, Widerstand, an etwas festhalten wollen, nicht loslassen können, Rastlosigkeit, Todesfurcht, Depression, Niedergeschlagenheit, Opferhaltung, den Tod verleugnen.

Heilender Gedanke: „Ich bin der ewige Wandel."

Impulse:

Was möchte in meinem Leben sterben?
Was möchte neu geboren werden?
Kann ich die Kontrolle über innere und äußere Situationen freilassen?

Heilung

„Ich bin die Heilung – Ich bin die Kraft der Tatkraft"

(MANIK: Position 7 im Maya-Rad)

Lausche auf die Stimme deines Herzens – Empfange Werkzeuge und Botschaften – Heile dich selbst – Heile – Gib und empfange – Verfeinere deine Sinne – Bekomme Flügel – Erkenne deine eigene „Sonne" – Öffne deine Energiezentren – Zeit, um ganz zu werden

Heilung / MANIK („manik" / Maya: Hand) ist deine Kraft des Heilens. Du lernst, Aufgaben zu übernehmen, tätig zu sein und Dinge auch zu vollenden. MANIKs Magie liegt im weiblichen Prinzip, sich zu öffnen. Nachdem CIMI deine Hände von allem Überflüssigen geleert hat, möchte MANIK deine Hände wieder füllen. Öffne sie, um spirituelle Werkzeuge, beispielsweise dieses Orakel, zu empfangen. Sei offen und fließend. Beachte, dass du das wahre spirituelle Werkzeug bist. Du bist die Mit-Schöpferin, die Heilerin deines Lebens. Dein „Samenkorn", dein wahrer Wesenskern, dein größeres harmonisches Selbst oder dein Projekt möchte geboren werden. Komm! Handle aus der Weite deines Herzens. Handle, wenn du den inneren Impuls zu einer Aktion verspürst. Tritt ein in die Kommunion von Herz und Wille.

Lichtweisheit: Heilung, Selbstheilung, Willenskraft, Schöpferkraft, inneres Wissen, Fülle, mit den Händen gestalten, Kraft der Vollendung, Vervollkommnung, Pforte zur Erfüllung.

Schattenweisheit: Probleme, Dinge zu vollenden, Manipulation, Täuschung, Selbsttäuschung, Gurutum, zerstreut sein, sich unter Druck fühlen, handlungsunfähig sein, Fehlen von Disziplin, ungeduldig sein.

Heilender Gedanke: „Ich bin eins mit meinem Licht."

Impulse:

Welche Widerstände hindern mich daran, tätig zu werden?

Bin ich in der Lage, angefangene Dinge auch zu vollenden?

Habe ich Lebensbereiche, in denen ich Freude, Schönheit und Heilung erlebe?

Schönheit

„Ich bin die Schönheit – Ich bin die Kraft der Harmonie"

(LAMAT: Position 8 im Maya-Rad)

Leuchte – Folge deinem Stern – Lebe deine weiblichen Qualitäten – Lass dich schaukeln – Lass dich vom Urgrund tragen – Sei dir der Zyklen des Lebens bewusst – Nimm intuitive innere Führung an – Ruhe in der Fülle deiner Schönheit – Zeit, um Harmonie und Freude zu aktivieren

Schönheit / LAMAT („lamat“ / Maya: Stern) ist deine Kraft der Schönheit, eine Zeit, in der du die Sternensaat von Harmonie und Schönheit erschaffen kannst. Tauche nach MANIK noch tiefer ein in eine umfassendere Sicht deines größeren harmonischen Selbst, deiner Ideen und Visionen. Bewegst du dich eventuell in zu engen Rollenbildern? In Disharmonie? In Selbstkritik? Befreie dich von allen Fesseln, die dich im kleinen Ich festhalten wollen. LAMATs Energie ist ein sanftes Schaukeln, das dich in eine erweiterte Perspektive deines Seins versetzt. LAMAT stellt auch das Kaninchen dar, das Symbol der Mondgöttin IXCHEL, welches durch das Erdloch in eine andere Dimension gelangt – in die Unterwelt – und sich damit seinen inneren Ängsten stellt. Leuchte wie ein heller Stern. Entdecke Sinn und Sinnlichkeit. Lass deine Schönheit an die Oberfläche treten.

Lichtweisheit: Harmonie im Hier und Jetzt, klare Perspektive, Gefühl für Stimmigkeit in sozialen Interaktionen, Qualitätsmanagement, Angst in kreative Energie verwandeln, Angst als einen Teil des Lebens akzeptieren.

Schattenweisheit: Disharmonie, fehlende Selbstliebe, Selbstzweifel, sich vom Göttlichen getrennt fühlen, Dogmatismus, Gefühlschaos, Starallüren, Harmoniesucht, Angstgefühle verleugnen.

Heilender Gedanke: „Ich bin Harmonie und Schönheit.“

Impulse:

Welche festen Rollenbilder und Ängste hindern mich eventuell an meinem Sternenflug?
Welche Bereiche meines Lebens verlangen nach mehr Harmonie und Schönheit?
Kann ich meine Angst als „Treibstoff des Lebens“ gut nutzen?

Reinigung

„Ich bin die Reinigung – Ich bin die Kraft des Fließens"

(MULUC: Position 9 im Maya-Rad)

Löse Blockaden – Fließe mit dem Lebensstrom – Reinige dein Flussbett – Erkenne vor allem hinderliche Lebensmuster – Sortiere noch mehr aus – Bringe deine Gefühle in Fluss – Ehre deine Gefühle – Sei präsent – Erblühe – Zeit, um sich vom Fluss des Lebens tragen zu lassen

Reinigung / MULUC („muluk“ / Wasser, Mond) ist deine Kraft der tiefen Reinigung. Jetzt geht es darum, Blockaden ins Fließen zu bringen. In LAMAT hast du dich deinen Ängsten gestellt, deinen Stern erkundet. In MULUC bringst du dir deine Gefühle ins Bewusstsein. Sie sind der notwendige Treibstoff für dein Handeln und sehr wertvolle Wegweiser. Braucht dein Flussbett eine Reinigung? Wollen vielleicht vielfältige Gefühle in Bewegung ausgedrückt werden, Tränen fließen? Aktiviere deine heilenden Kräfte der Selbsterinnerung. Erinnere dich daran, wer du bist. Lass deine ausgesäte Saat weiter aufgehen. Werde empfangsbereit für den Rhythmus und die Sprache des Universums, für Zeichen und Symbole, für innere Führung. Verwandle die Kraft deiner Gefühle in kreative Kraft. Sei wie ein Fluss, der den Fels umspült.

Lichtweisheit: Bewusstwerdung, Reinigung, Fließen, Aufmerksamkeit für Zeichen und Symbole, sich seines wahren Wesens bewusst werden, Gewahrsein, göttliche Führung, kosmische Kommunikation.

Schattenweisheit: Stagnation, Ego-Probleme, sein Licht verstecken, vergessen, wer man ist, negative Selbstgespräche, Selbstablehnung, mangelndes Bewusstsein für kosmische Kommunikation.

Heilender Gedanke: „Ich bin das Gefäß des göttlichen Geistes.“

Impulse:

Kann ich mich auf die Weisheit meiner Gefühle verlassen?
Neige ich zu Selbstablehnung und negativen Selbstgesprächen?
Kann ich mit dem Fluss des Lebens fließen?

Verbundenheit

„Ich bin die Verbundenheit – Ich bin die Kraft der Freundschaft"

(OC: Position 10 im Maya-Rad)

Lass dich von deinem Herzen führen – Liebe dich – Verbinde Herz, Bauch und Becken – Bereite dich auf große Veränderungen vor – Springe in eine neue Seinsebene – Empfange Freunde, Krafttiere, Pflanzengeister, spirituelle Führer und Führerinnen – Zeit für kraftvolle Herzensenergie

Verbundenheit / OC („ook" / Maya: Hund) ist deine Kraft der Verbundenheit, mit der du deiner Seelenfamilie begegnest, mit deren Hilfe es leichter wird, deine Träume und Visionen zu manifestieren. OC ist das Wiedererkennen von spirituellen Weggefährten, von Verbündeten, Freunden und Tierfreunden, und zeigt einen Durchbruch in deinem Leben an. OC ist auch das Symbol des treuen Hundes, der dir hilft, deine wahre Familie zu finden. Hab den Mut, deine Ängste nach und nach abzulegen und unverfälschter zum Ausdruck zu bringen, wer du wirklich bist. Trau dich, den Traum der wahren Herzensliebe zu träumen. Ruf den magischen Kreis deiner Seelengefährten herbei und wandle in den ewigen Garten deiner Herzensbeziehungen. Erlaube dir, (Selbst)Liebe in all ihren Aspekten zu zelebrieren.

Lichtweisheit: Neubeginn, dem eigenen göttlichen Selbst begegnen, Weggefährten, Geistführer, Verbundenheit, spirituelle Stärke, Herzensbeziehungen, Liebe, Loyalität, Vertrauen, Tor zum Christus-Bewusstsein.

Schattenweisheit: Illoyalität, andere bevormunden, Drama-Queen sein, sich getrennt fühlen, Minderwertigkeitsgefühle, „Dämonen" auf den Leim gehen, emotional-körperliche Probleme, toxische Beziehungen.

Heilender Gedanke: „Ich bin das geheimnisvolle Herz."

Impulse:

Wo will ich in meinem Leben einen Neuanfang machen?
Habe ich gleichgesinnte Freunde und Weggefährten, die mir Kraft geben?
Bin ich in der Lage, mit meinen Herzensgefühlen konstruktiv umzugehen?

Freude

„Ich bin die Freude – Ich bin die Kraft des Spielens“

(CHUEN: Position 11 im Maya-Rad)

Spiele – Lache – Lass dein inneres Kind spielen – Lass Chaos und Unordnung da sein – Experimentiere ohne Zielvorstellung – Besuche den Spielplatz deiner Kreativität – Lade Sanftheit und Süße des Lebens ein – Singe, tanze, male, schreibe – Zeit, den „Narren“ spielen zu lassen

Freude / CHUEN („tschuen" / Maya: Affe) ist deine Kraft mit Freude zu spielen, dein inneres Kind, das sich spontan ausdrückt und träumt. Lass deiner Kreativität freien Lauf und sei ganz im Hier und Jetzt. Erlaube dir, mit deinen Ideen frei zu experimentieren. Bring dich durch schöpferisches Tun, ohne Urteil und ohne Wertungen in Schwung. Nachdem du in OC deine Herzensgefühle erkundet hast, kannst du jetzt eine noch größere Lebendigkeit – auch mit deinen spirituellen Weggefährten – erfahren. Du bist auf dem Weg zur Mit-Schöpferin, die die spielerische Leichtigkeit des Seins entdeckt. Du bist die weise Alte, die Närrin, die Schamanin und das Göttliche Kind, sie alle bringen ihre Wahrheit offen und unverblümt zum Ausdruck. Alles darf da sein. Sei verwundbar und offenherzig, glaube an die Magie des Augenblicks.

Lichtweisheit: Leichtigkeit des Seins, Verspieltheit, Heiterkeit, Humor, Kreativität, Unbefangenheit, Unschuld, Spontanität, Kunst, Empfindsamkeit, alle Rollen spielen können, ohne daran zu haften.

Schattenweisheit: Fehlender Humor, keine Verantwortung übernehmen, zu viel Ernsthaftigkeit, Gleichgültigkeit, Härte, Ziellosigkeit, Traurigkeit, das „innere Kind" ablehnen, Sarkasmus, Zynismus.

Heilender Gedanke: „Ich bin das Göttliche Sonnenkind."

Impulse:
Bin ich mit meinem spielerischen inneren Kind in guter Verbindung?
Was behindert meinen kreativ-künstlerischen Ausdruck?
Wo kann ich mehr Humor und Leichtigkeit in mein Leben bringen?

Erfüllung

„Ich bin die Erfüllung – Ich bin die Kraft der Bestimmung"

(EB: Position 12 im Maya-Rad)

Feiere dich für das, was du schon erreicht hast – Entdecke die Kraft der Aufmerksamkeit – Entzünde das Feuer deines Herzens – Empfange vom Füllhorn des Lebens – Folge deiner Bestimmung – Sei ganz Mensch – Sag JA zu dir! – Lass dich beschenken – Zeit, um die Fülle der Wunder willkommen zu heißen

Erfüllung / EB („eb“ / Maya: Mensch, Schädel, Zahn) ist deine Kraft der verantwortungsvollen Schöpferkraft und eröffnet dir das Füllhorn deiner Weisheit, Intuition und Bestimmung. Als Mensch bist du mit dem freien Willen ausgestattet und kannst lernen, weise zu wählen. Die kreativen Kräfte von CHUEN verbinden sich in EB tiefer mit deinem Geist und deinem Körperbewusstsein. Jetzt wird die Heilige Hochzeit von rationalem Verstand und intuitivem Denken gefeiert. Sei das offene Gefäß, das vom Geist gefüllt werden will. Erkenne und überwinde eventuelle Begrenzungen deines Denkens. Tritt ein in die Fülle all deiner Lebensmöglichkeiten und Projektideen. Empfange die Früchte vom Baum des Lebens. Ehre und achte dich. Fühle dich würdig zu empfangen. EB ruft dich zur Meisterschaft des Menschseins auf!

Lichtweisheit: Schöpferkraft, Meisterschaft, Resonanz mit der kosmischen Fülle, Erfüllung, Aufmerksamkeit, Selbstliebe, Selbstermächtigung, Geburt des wahren Selbst, Überfluss, Ekstase, den freien Willen ausüben.

Schattenweisheit: Mangelgefühle, Sucht nach materiellen Dingen, den Intellekt über- oder unterbewerten, sich unzulänglich fühlen, Angst vor Leere, sich klein und unwürdig fühlen.

Heilender Gedanke: „Ich bin der offene Kelch, der die kosmischen Gaben empfängt.“

Impulse:
Nutze ich all meine menschlichen Gaben?
Bin ich bereit, all das Gute zu empfangen?
Bin ich in guter Balance von Körper, Geist und Seele?

Freiheit

„Ich bin die Freiheit – Ich bin die Kraft der Ausdehnung"

(BEN: Position 13 im Maya-Rad)

Verbinde Himmel und Erde – Sei Engelsbote – Sei Botschafterin – Verbinde das Sichtbare mit dem Unsichtbaren – Breite deine Flügel aus – Dringe in unbekannte Welten vor – Entdecke dein grenzenloses Selbst – Schule dein Drittes Auge – Zeit, um den Raum der Möglichkeiten zu erforschen

Freiheit / BEN („ben“ / Maya: Schilfrohr) ist deine Kraft des Erforschens, deine Freiheit, mit der du als Raum-Zeit-Reisende Himmel und Erde verbindest. Bist du bereit zu einem Quantensprung? Bist du bereit, neue Wirklichkeiten zu erforschen? Mit BEN wirst du aufgefordert, dir noch unbekanntes Terrain aufzusuchen, deinen Geist fliegen zu lassen, deine festgefahrenen Überzeugungen von Realität anzuschauen. BEN lehrt dich das Gleichgewicht zwischen irdischen und himmlischen Dingen. Nach EB, dessen Kraft dich bereits einer größeren Fülle geöffnet hat, erhebst du dich nun über eine allzu realistische Sichtweise deines Lebens. Dein Alltag ist eine heilige Reise. Du bist BEN, die engelhafte Botin, die ihre Schattenbereiche durchlebt, jenseits von Licht und Schatten wohnt und transparent ist für Botschaften aus den höheren Lichtbereichen.

Lichtweisheit: Engelhafte Botin, Botschafterin anderer Dimensionen und Welten, Erforschen neuer Möglichkeiten, Geburt des Bewusstseins für neue Ebenen, Mut, Freiheit, Herzenswissen, nach dem göttlichen Willen ausgerichtet leben.

Schattenweisheit: Zurückgezogenheit, zu viel Vergeistigung ohne Erdung, sich selbst begrenzen, Angst vor dem Unbekannten, mangelnde Selbstliebe, Kontrolle, Machtmissbrauch.

Heilender Gedanke: „Ich bin die Verbindung von Himmel und Erde in mir.“

Impulse:
Bin ich im Widerstreit zwischen meinem individuellen Bewusstsein und meinem Herzenswissen?
Bin ich gut geerdet und gleichzeitig eine Botin des Lichts?
Was könnte mir dabei helfen, mich leichter auf Unbekanntes einzulassen?

 Magie

„Ich bin die Magie – Ich bin die Kraft der Eigenmacht"

(IX: Position 14 im Maya-Rad)

Öffne dich der Magie des Lebens – Erwarte Wunder – Trainiere deine feinstoffliche Wahrnehmung – Schule deine Sinne – Bekenne dich zu deinen Gestaltungskräften – Sei Mit-Schöpferin – Richte dich nach dem Geist aus – Verbinde Herz, Geist und Willen – Zeit, um das kraftvolle magische Herz zu erwecken

Magie / IX („isch“ / Maya: Magier, Jaguar) ist deine Kraft der Magie, die dich darin unterstützt, intuitiver zu leben und deine innere Kraft, dein spirituelles Potenzial herbei- oder zurückzurufen. Das Tor zur Dimension der Magie ist deine Fähigkeit, gezielt mit der Absicht deiner Herzenskraft auf deine Entwicklung einzuwirken und dadurch bewusst Veränderungen in deinem Unbewussten und in deiner Realität herbeizuführen. In BEN hast du angefangen, eine erweiterte Wirklichkeit tatsächlich für möglich zu halten. In IX bist du aufgefordert, Meisterin von Körper, Geist und Seele zu sein und dich in Harmonie mit dem Göttlichen Willen zu steuern. Die wahre weibliche Kraft ist die Kraft aller feinstofflichen Sinne, die dir Zugang zu tiefem All-Wissen gewährt. Tritt ein in deine weibliche Selbstermächtigung, Du bist die Quelle von Magie und Kreativität.

Lichtweisheit: Schöpferische Kraft, Selbstermächtigung, Integrität, Aufnahmefähigkeit, Herzenskraft, in Resonanz sein, Intuition, Inspiration, Medialität, Wortmagie, erhöhte Bewusstseinszustände.

Schattenweisheit: Machtmissbrauch, magische Manipulation, Kontrolle, egoistisches Handeln, Angst vor der eigenen Dunkelheit, Probleme mit persönlicher Abgrenzung, Ego-Verstand, Illusionen.

Heilender Gedanke: „Ich bin im Einklang mit dem Göttlichen Willen.“

Impulse:

Steuere ich meinen Willen zum Wohle aller mit dem Herzen?
Bin ich nach meiner innersten Göttlichen Quelle ausgerichtet?
Bin ich dazu fähig, meine Magie und die Magie des Alltags zu sehen?

 Vision

„Ich bin die Vision – Ich bin die Kraft der Klarsicht."

(MEN: Position 15 im Maya-Rad)

Vertraue deinen Visionen – Kommuniziere mit der Natur – Trinke aus der Quelle eines inspirierten Lebens – Sei weitblickend – Fliege wie Adler und Kondor – Lass Lebendigkeit und Frische da sein – Zeit, um die eigene Vision und das Mysterium Leben zu erfassen

Vision / MEN („men" / Maya: Adler) ist deine Kraft der Vision, mit der du deine Träume im Einklang mit dem Planeten Erde in die Realität umsetzt. Erlaube dir eine noch größere Sicht des Webmusters der Wirklichkeit und wechsle immer wieder von der Alltagsperspektive in einen globalen Überblick. Empfange Botschaften von einem höheren unsichtbaren Bewusstsein und bringe deine in IX entwickelten magischen Gaben, wie deine Intuition, Feinfühligkeit und Medialität, zur vollen Entfaltung. Entwickle Körperbewusstsein und festige den Kontakt zu deiner inneren Weisheit. Bist du sehr in den Dienst an anderen eingespannt oder bearbeitest du zu viel gleichzeitig, dann gönne dir regelmäßig Erholung. Verzage nicht. Halte Fühlen und Denken im Gleichgewicht. Folge dem Pfeil deiner Bestimmung. Widme dich deinen Aufgaben und Projekten. Glaube an dich!

Lichtweisheit: Blick von oben, Weitblick, Weisheit, Glaube an die eigene Kraft, im Leben Regie führen, kollektives Wissen, spirituelle Lehrerin, Heilung, planetare Aufgabe, höchstes geistiges Bewusstsein.

Schattenweisheit: Helfersyndrom, „kosmische Mama", Mangel an Hoffnung, Mangel an Überblick, Überheblichkeit, abgehoben sein, Ruhelosigkeit, Unordnung, Chaos, zu wenig Struktur.

Heilender Gedanke: „Ich bin Vision und Zuversicht."

Impulse:

Kann ich meiner Vision auch in Schwierigkeiten treu bleiben?
Kann ich fliegen wie ein Adler, um meine Ziele zu erreichen?
Was ist meine Vision für dieses Leben?

Weisheit

„Ich bin die Weisheit – Ich bin die Kraft der Intelligenz"

(CIB: Position 16 im Maya-Rad)

Werde still – Hör auf die Stimme deines Herzens – Befrage die „Weise Alte" – Blicke durch die Finsternis wie die Eule – Erbaue deinen inneren Tempel – Gebäre dich neu – Konzentriere dich auf das Wichtigste, die Intelligenz der Seele – Zeit, um Intuition und Denken zu vereinen

Weisheit / CIB („kib" / Maya: Kerze, Eule, Kondor) ist deine Kraft der kosmischen Intelligenz, in der dein Herz und dein Verstand im Einklang schwingen möchten. Bist du bereit für kosmische Kommunikation? Bist du bereit für eine mystische Verbindung mit der Göttlichen Urquelle? Spüre in deinem Körper nach, was für dich gerade richtig und stimmig ist. Lausche seinen klaren inneren Botschaften. Mit der Kraft von CIB durchfliegst du die Dunkelheit. Dein Herz ist dein Kompass, dein verlässlichster Wegweiser. Jetzt hast du die Gelegenheit, dich zu sammeln und dich erneut tiefer auf dich und dein Ziel hin auszurichten. Suche einen Platz der Ruhe auf, berühre dein Herz und frage dich: „Was ist die tiefste Sehnsucht meines Herzens?" Vertraue deinen Träumen. Vertraue deiner inneren Stimme!

Lichtweisheit: Verbindung von Intuition und Ratio, Lebenskampf beenden, Führung für sich und andere übernehmen, Gelassenheit, dem Herzen folgen, spirituelle Kriegerin, kosmisches Bewusstsein.

Schattenweisheit: Mangelndes Vertrauen in das innere Wissen, mangelnde Fähigkeit, geistige Führung zu fühlen, Flucht in Aktivitäten, Angst vor der eigenen Tiefe, kämpfen.

Heilender Gedanke: „Ich bin tiefe Herzensweisheit."

Impulse:

Vertraue ich meiner inneren Weisheit?
Kann ich die Nachtseite der Dinge sehen?
Verfüge ich über eine gute Telefonleitung zur Urquelle?

Balance

„Ich bin die Balance – Ich bin die Kraft der Zentrierung"

(CABAN: Position 17 im Maya-Rad)

Nimm tiefen Kontakt mit der Erde auf – Verwurzele dich – Spüre den Herzschlag von Mutter Erde – Trage Sorge für die Erde –Zeige Dankbarkeit – Fließe in Resonanz mit der Erde – Sei Hüterin der Erde – Heile die Erde – Zeit, um mit der Erde in Einklang zu schwingen

Balance / CABAN („kaban"/ Maya: Erde) ist deine Kraft der Zentrierung, der Boden unter deinen Füßen, auf dem du deine Aufgaben im Hier und Jetzt als Hüterin der Erde lebst. CABAN fordert die Auseinandersetzung und die Einbeziehung all deiner Lebensbereiche in dein Handeln. Spüre deinen Herzschlag, der auch der Herzschlag von Mutter Erde ist. Die Erde nährt dich und du nährst sie. Sie braucht dich und du brauchst sie. Lausche den feinsinnigen Botschaften und Zeichen, die CABAN dir überbringt. Hör aber genau hin, überprüfe, befrage dein Herz und lass dich nicht in Illusionen sinken. In CIB hast du die Höhen und Tiefen der Herzensweisheit erkundet. Nun richte dich auf dein kosmisches Erd-Bewusstsein aus. Lass dich von der Erde tragen. Beobachte genau!

Lichtweisheit: Erd-Kraft, Zentrierung, Gegenwärtigkeit, Synchronizität, Einbeziehung aller Lebensbereiche in das eigene Handeln, Fortschritt, Fruchtbarkeit, Resonanz mit der Erde, Dinge genau beobachten.

Schattenweisheit: Nicht in der Gegenwart leben, Überbewertung von Zeichen und Träumen, Angst vor Veränderung, abgehoben sein, in Illusionen oder mentalen Konzepten leben.

Heilender Gedanke: „Ich bin liebende Erdenergie."

Impulse:

Bin ich gut geerdet und zentriert?
Lebe ich ganz im gegenwärtigen Moment?
Bin ich mit meinen Taten und Projekten eine verantwortungsvolle Hüterin der Erde?

Erkenntnis

„Ich bin die Erkenntnis – Ich bin die Kraft der Einsicht"

(ETZNAB: Position 18 im Maya-Rad)

Komm ganz zu dir – Berühre deine Tiefen – Erkenne deine Licht- und deine Schattenseiten – Ergründe deinen inneren Kosmos – Dein Körper zeigt die Wahrheit – Schau in den Spiegel der Dinge – Sei aufrichtig – Komm mit dir ins Reine – Zeit für Klarheit und Erkenntnis

Erkenntnis / ETZNAB („eznab“ / Maya: Spiegel) ist deine Kraft der Erkenntnis, in der du alle Illusionen durchschaust, alles Unklare und nicht Anerkannte beleuchtest und einen radikalen Hausputz machst. CABAN hat dir größere Zusammenhänge gezeigt. ETZNAB fordert deine intensive Selbstreflektion und deine klare Einsicht in den Spiegel deines Lebens. Was möchte jetzt noch von dir gesehen werden? Was ist wichtig zu wissen? Schau in den Spiegel und hol verborgene Schatten ans Licht. Befreie dich von allen Rollen und Masken. Zerschneide symbolisch alle Illusionen, die dich in deinem kleinen Ich festhalten wollen. Entferne, was du bei dir oder deinem Projekt nicht mehr brauchst. Folge deinem Weg, trenne die Spreu vom Weizen, damit du bald die Resultate erntest, die du dir sehnlichst wünschst.

Lichtweisheit: Klarheit, der gute Zweifel, Unterscheidungskraft, Schwert der Wahrheit, die eigenen Schattenseiten sehen, nichts persönlich nehmen, die Wahrheit jenseits der Spiegel, symbolisches Bewusstsein.

Schattenweisheit: Illusionen, Selbstzweifel, unerledigte Angelegenheiten, eigenen Projektionen auf den Leim gehen, Selbsttäuschung, den Spiegelungen als den verzerrten Abbildern der Realität Glauben schenken.

Heilender Gedanke: „Ich bin das stille Wissen der Wahrheit.“

Impulse:

Wo gibt es in meinem Leben noch tiefe Schattenbereiche und Illusionen?
Kann ich die Symbolik der vielfältigen Spiegelungen erkennen?
Habe ich die Fähigkeit kultiviert, nichts persönlich zu nehmen?

Transformation

„Ich bin die Transformation – Ich bin die Kraft der Erneuerung"

(CAUAC: Position 19 im Maya-Rad)

Lass dich durchschütteln und durchrütteln – Begrüße die stürmischen Zeiten – Lass dich läutern – Stirb und Werde –Entwickele dich – Entfalte dich zum Schmetterling – Heilige das Chaos deiner vielfältigen Gefühle – Zeit, um Altes loszulassen und sich zu erneuern

Transformation / CAUAC („kauak" / Maya: Sturm) ist deine Kraft der Verwandlung, in der du immer freier im Fluss des Lebens tanzen lernst. In ETZNAB hast du alles Unklare und Unechte abgeschnitten. CAUAC fegt wie ein Sturm durch dich hindurch, bringt dich in Bewegung und transformiert das Verbleibende. Übrig bleibt nur das, was wahr ist. Du stehst jetzt am Scheideweg deiner persönlichen Revolution hin zu deinem Licht: deinem Höheren Selbst. Lass dich von Regen und Sturm durchrütteln und reinigen. Lass dein Projekt reinigen. Nach deinem persönlichen Gewitter bist du jetzt die befreite Schauspielerin, die jede Rolle verkörpern kann, ohne an ihr zu hängen. Deine höheren Kräfte sind aktiviert, dein Projekt steht kurz vor seinem Abschluss. Du bist jetzt Meisterin des großen Spiels der Seele.

Lichtweisheit: Transformation, Veränderung, Befreiung von Identifikationen, innere Alchemie, Phönix aus der Asche, Lichtbewusstsein, Ekstase der Freiheit, Aufstieg, Hinwendung zum Höheren Selbst.

Schattenweisheit: Zweifel, Angst vor dem Leben, Angst vor Ablehnung, Angst vor dem Prinzip des „Stirb und Werde", Ablehnung von Dunkelheit, Verzweiflung, Suchtverhalten, Trennungsgefühle.

Heilender Gedanke: „Ich bin das göttliche Selbst."

Impulse:
Habe ich Angst vor den Veränderungsprozessen in meinem Leben?
Kann ich mich dem Prinzip des „Stirb und Werde" hingeben?
Was möchte in meinem Leben, in meinem Projekt noch verwandelt werden?

Erleuchtung

„Ich bin die Erleuchtung – Ich bin die Kraft der Ekstase"

(AHAU: Position 20 im Maya-Rad)

Dein Herz übernimmt die Führung – Deine männlichen und weiblichen Anteile feiern Hochzeit – Deine innere Sonne ist erwacht – Dein Geist wird flügge – Du hast deine wahre Heimat gefunden – Dein Kelch ist gefüllt – Zeit, um die eigenen Sonnenkräfte zu feiern

Erleuchtung / AHAU (ahau" / Sonne, Vollendung) ist deine Kraft des Sonnenbewusstseins und zeigt die Vollendung eines Kreislaufs an. Du hast einen Prozess vom Samen zur Wurzel, zur Blüte, zur Frucht, zur Vollendung gebracht. Dein Kunstwerk kannst du selbst sein, ein Projekt oder die Lösung eines Problems. Alle 20 Ebenen der Wirklichkeit sind in dein Werk integriert und strahlen deine ganz persönliche Liebe aus. CAUAC hat gereinigt. In AHAU tanzen Sonne, Mond und Sterne, da du dich selbst als Göttliches Wesen liebst und deine heilenden Kräfte fließen lässt. Du bist Meisterin deines Bewusstseins. Du bist Schöpferin und Göttliche Künstlerin. Sonne dich in der Strahlkraft dessen, was du erreicht hast. Umarme dein Werk mit Dankbarkeit und Freude. Lass dich oder das Projekt frei, um bald einen neuen kreativen Zyklus begrüßen zu können.

Lichtweisheit: Einheit, ganzheitliche Wahrnehmung, bedingungslose (Selbst) Liebe, Akzeptanz, Synthese, Vollendung und Neubeginn, „Ich und der Vater/die Mutter sind eins", Sprache des Lichts, Christus-Bewusstsein.

Schattenweisheit: Begrenzte Liebe, Angst vor Liebe, Lieblosigkeit, Selbstablehnung, Intoleranz, Werturteile, Überidealismus, Identifikation, Begrenzung, spirituelle Illusionen, überspanntes Göttlichkeitsbewusstsein.

Heilender Gedanke: „Ich bin die heilende Kraft der allumfassenden Liebe."

Impulse:

Kann ich mich selbst und andere bedingungslos lieben?
Was ist die göttliche Vision meines Lebens?
Habe ich Angst vor Freude, Einheit und Liebe?

Die 13 Zahlen
als Kräfte und Tore der Manifestation

Einheit / 1

„Ich bin die Einheit – Ich bin die Kraft des Neubeginns"

Sei eins – Zentriere dich – Du stehst am Beginn eines Zyklus – Empfange kreative Energie – Schau genau hin – Fokussiere dich – Dein Samen ruht im Boden und ist bereit zu wachsen – Punktlandung – Nimm dir Zeit für Beobachtung – Zeit für eine Neuschöpfung

Die EINHEIT ist deine Kraft des eins seins mit allem, was ist. Alle kreative Kraft entspringt dem Punkt der Eins, der Energie des Anfangs. Alle kreative Kraft entspringt dem bewussten Geist. Du stehst an der Schwelle eines neuen Zyklus, bist im Entwicklungsstadium eines Neuanfangs, der dir neue Wege von Wachstum und Fülle eröffnet. Zentriere dich und sammle deine Kräfte. Nähre und entspanne dich. Sei ganz im Hier und Jetzt, bevor du bald zu neuen Taten aufbrechen wirst. Wo stehst du? Was empfindest du? Fühlst du dich vielleicht von der Quelle allen Seins getrennt? Erinnere dich an die Ur-Quelle. Sei da, wo alles eins ist. Suche Einheit in deinem Höheren Selbst. Eine neue Schöpfung beginnt. Sei Initiatorin und bewusste Mit-Schöpferin!

Lichtweisheit: Neubeginn, Quelle des Lebens, Ganzheit, Punktlandung, Stille, das eine Herz, der Moment vor einem neuen Zyklus, unteilbare Essenz, Ausrichtung, Zentrierung, „Ich bin du und du bist ich" (IN LAK'ECH).

Schattenweisheit: Widerstand gegen Veränderungen, Sehnsucht nach Geborgenheit, Sehnsucht nach der kosmischen Gebärmutter, in der Alltagsroutine steckenbleiben, sich nicht zentrieren können.

Heilender Gedanke: „Ich bin die ruhende schöpferische Fülle."

Impulse:

Welchen vertrauten Ort sollte ich bald verlassen?
Was will ich mit der Kraft meines Herzens erschaffen?
Kann ich mich gut fokussieren?

Polarität / 2

„Ich bin die Polarität – Ich bin die Kraft der Beziehung in Bewegung“

Dein Spiel der Kräfte beginnt – Sieh die zwei Seiten einer Medaille – Bewege dich – Verbinde scheinbare Gegensätze – Sieh deine männlichen und weiblichen Anteile – Lass frischen Wind herein – Öffne dich für Neues – Zeit, um mit Gegensätzen zu spielen

Die ZWEI ist deine Kraft der Polarität. Mit der Zwei kommt Bewegung und Beziehung ins Spiel. Wenn der Punkt der Einheit verlassen wird, beginnt Energie sich erst zu bewegen. Die Kraft der scheinbaren Gegensätze ist der Webstuhl, auf dem die Wirklichkeit ausgespannt ist, auf dem die universellen Kräfte den ewigen Tanz von Nähe und Distanz, von Licht und Dunkelheit, von männlich und weiblich tanzen. Im Spiegel der Polarität wohnt die Illusion des Getrenntseins. Polarisierte Standpunkte sind in Wahrheit aber eine Ergänzung. Sie bringen eine Entwicklung erst in Gang. Erkenne die Gaben, die die Polarität dir schenkt. Steig ein ins Spiel der scheinbaren Gegensätze. Sieh die verbindende Essenz in allen Gegensätzen. Nutze diese, um deine Pläne zu verwirklichen.

Lichtweisheit: Webstuhl der Wirklichkeit, Kooperationsbereitschaft, Polarität von männlich und weiblich, Beziehung, Kraft des Zweifels, Integrationsfähigkeit, Unterscheidungsvermögen, magnetische Anziehung.

Schattenweisheit: die polare Erscheinung aller Dinge als wahr annehmen, Dualität, sich verzetteln, zu viel Nachdenken statt Gegensätze und Bewegung zum Handeln zu nutzen, Unentschlossenheit, Verzweiflung.

Heilender Gedanke: „Ich bin der Tanz der Polaritäten."

Impulse:
Bin ich bereit, meinen Ruheplatz zu verlassen?
Welche Konflikte wollen angeschaut werden?
Kann ich mein emotionales Gleichgewicht auch in schwierigen Situationen bewahren?

Rhythmus / 3

„Ich bin der Rhythmus – Ich bin die Kraft der Dynamik"

Verbinde und verschmelze Polaritäten – Tu deine Wahrheit kund – Komm in Fluss – Nimm Ergänzendes wahr – Lass etwas Neues, Drittes entstehen – Lass dich inspirieren – Bewege dich in Ausgewogenheit – Toi, toi, toi – Zeit, um in den eigenen Rhythmus zu kommen

Die DREI ist deine Kraft des Rhythmus. Die Drei ist eine exzentrische Kraft und steht für Wachstum und Veränderung. Die Drei ist der universelle Fluss des ewigen Wandels, der die Integration der Polarität beinhaltet. Aus einer Zweiheit möchte eine Dreiheit entstehen. Aus der Polarität von „Vater" und „Mutter" entsteht das „Kind". Du bist der dritte Stern, der mit dem Willen zur Formgebung aus scheinbaren Gegensätzen eine neue Schöpfung gestaltet. Bündele deine Ideen und Vorstellungen. Lass deine schöpferische Kraft in Fluss kommen. Es ist Zeit, deinem eigenen Rhythmus zu folgen, Gegensätze zu vereinen und dich dem Tanz des Lebens hinzugeben. Im dreidimensionalen Raum von Materie, Form und Bewegung will deine neue Schöpfung, dein Kind geboren werden. Sei kosmische Tänzerin, kreative Gestalterin!

Lichtweisheit: Bewegung, Wandel, Fluss, Kreativität, Integration, Dreiklang, Strömung, Veränderung, Verbindung von Gegensätzen, Kommunikation des Herzens, Tatkraft.

Schattenweisheit: Nicht dem Fluss des Lebens folgen, nicht flexibel sein, aus dem Rhythmus kommen, das Ziel aus den Augen verlieren, Verschlossenheit, zu hohe Ansprüche an sich selbst.

Heilender Gedanke: „Ich bin der Fluss des Lebens." (Flow)

Impulse:

Kann ich mich dem Fluss des Lebens hingeben?
Bin ich im Spiel der Kräfte in meinem eigenen Rhythmus zu Hause?
Was sind meine genauen Pläne und Ziele?

Konkretisierung / 4

„Ich bin die Konkretisierung – Ich bin die Kraft der Stabilität"

Halte Maß – Schaffe Ordnung – Entfalte Struktur – Erde dich – Schaffe Klarheit – Denke nach –Bereite ein gutes Fundament vor – Zeichne einen Plan – Geh ins Medizinrad – Verwirkliche deine Träume – Zeit, um einen ruhigen Ort der Kraft aufzusuchen

Die VIER ist deine Kraft des Maßhaltens, des Form- und Strukturgebens. Die Bewegungen deines Lebens brauchen jetzt Ordnung und Maß, damit du bei deinem weiteren Weg Orientierung und Halt findest. Lass die materielle Form immer mehr Gestalt annehmen. Richte dich mit Disziplin und Hingabe auf dein Ziel aus. Gestalte Materie, Form und Bewegung nach deinen eigenen Vorstellungen. Leite deine schöpferische Kraft in konkrete Bahnen. Gehst du dein Projekt mit einer konstruktiven inneren Haltung an? Wo stehst du jetzt? Worauf baust du dein Leben, dein Projekt auf? Hast du ein gutes Fundament vorbereitet? Kommen alle vier Seiten zur Geltung? Wo musst du eventuell noch Ordnung in dein Leben bringen? Welche deiner Ideen brauchen jetzt dein Engagement? Sei geerdet und geduldig!

Lichtweisheit: Ordnung, Ausgerichtetsein, Struktur, Unterscheidung, Muster des Universums, die vier Elemente, Fundament, Stabilität, Sicherheitsdenken, Geduld, Design und Planung, natürliche Zyklen, Quadrat, Rechteck.

Schattenweisheit: Chaos, keine Struktur finden, zu viel gleichzeitig machen, nicht mit den eigenen Kräften haushalten, nicht maßhalten, zu viele Ideen gleichzeitig angehen.

Heilender Gedanke: „Ich bin gut verortet."

Impulse:

Was genau möchte ich manifestieren?
Habe ich alle vier Seiten und Energien bedacht?
Kann ich mich strukturiert konzentrieren und fokussieren?

Mittelpunkt / 5

„Ich bin der Mittelpunkt – Ich bin die Kraft des Fundaments"

Nutze alle fünf Energien – Lass eine neue Beweglichkeit entstehen – Experimentiere – Lass dich unterstützen – Welche Ziele hast du? – Brett vorm Kopf oder Durchblick? – Zerstreue dich nicht – Konzentriere dich – Handle – Sei Gestalterin – Stell infrage – Zeit, um Neues zu erforschen

Die FÜNF ist deine Kraft der gesammelten Energie, des Mittelpunktes deines Menschseins. Alle gesammelte Energie (1 bis 4) verbindet sich mit dem Mittelpunkt (5). Du mit deiner expansiven Kraft bist der Mittelpunkt deines eigenen Universums. Was ist dein ureigenes Fundament? Was trägt dich? Was möchtest du verwirklichen? Erkenne deine vollkommene Zentriertheit in deinem individuellen Selbst. Vertraue dich deinem Herzen an, dem Mittelpunkt, wo sich alle Energien der Chakren von unten und oben treffen. Dein Herz ist der alchemistische Kessel, deine Stätte vollkommener Strahlkraft. Schließe dich an diese Kraft an und du hast alle Tatkraft. Was möchtest du miteinander verbinden? Welcher Herausforderung möchtest du dich stellen? Welches der fünf Elemente (Erde, Wasser, Feuer, Luft, Äther) könnte dich dabei unterstützen?

Lichtweisheit: Zentrum, Integration, Vereinigung von Bewegung und Maß, Einfachheit, Bejahung des Menschseins, innerer Tempel, in der eigenen Mitte leben, innere Stärke, Expansionskraft, fünfzackiger Stern (Pentagramm).

Schattenweisheit: Sich des eigenen Fundaments nicht bewusst sein, sich nicht erinnern, wer man ist, in zu viele Richtungen gleichzeitig gehen, zu intellektuell sein, das Herz außen vor lassen, nicht mit sich verbunden sein.

Heilender Gedanke: „Ich bin in meiner Herzensmitte."

Impulse:

Bin ich im Tempel meines individuellen Selbst gut verortet?
Bejahe ich mein Menschsein?
Was könnte mir dabei helfen, in meine Herzensmitte zu kommen?

Gleichgewicht / 6

„Ich bin das Gleichgewicht – Ich bin die Kraft der Balance“

Überprüfe deine Ausrichtung – Verorte dich in deiner Mitte – Ruhe im Herzen – Strahle deine Herzenskraft aus – Werde dir deiner Talente bewusst – Welche Gaben hast du im Einsatz? – Aktiviere – Sei in Balance von Empfangen und Handeln – Zeit, um aktiv zu werden und zu handeln

Die SECHS ist deine Kraft des organischen Gleichgewichts, die Harmonie der Zusammenarbeit. Alle gesammelte Energie (1 bis 5) verbindet sich mit dem Punkt des Einseins (5 + 1 = 6). Du bist die Einheit, die immer wieder in einem aktiven Prozess organisches Gleichgewicht erschafft. Du empfängst, all die Dinge, die das Leben dir anbietet. Du wählst aus. Du gestaltest. Das Zentralthema der Sechs ist die Liebe in all ihren Facetten. Gestalte und handle mit Liebe, damit die Hochzeit von Himmel und Erde gefeiert werden kann. Erkenne, dass die scheinbaren Gegensätze des Lebens Wachstum fördern. Vertraue deinem Herzen und finde ein Gleichgewicht in allem, was du tust. Diese bewegende Energie der Liebe möchte in deinen Projekten und Ideen zum Vorschein kommen.

Lichtweisheit: Empfänglichkeit, aktives Handeln, Balance in der Bewegung, Herzensverbindung, Wachstum, dynamisches Gleichgewicht, erster Schritt ins Höhere Selbst, in vielen Dimensionen wurzeln, Toleranz, sechszackiger Stern (Hexagramm – Davidstern).

Schattenweisheit: sich zu sehr von anderen beeinflussen lassen, das eigene Ziel aus den Augen verlieren, sich selbst lieblos behandeln, überkritisch sich selbst und anderen gegenüber sein.

Heilender Gedanke: „Ich bin in dynamischer Balance."

Impulse:

Bin ich dem Leben gegenüber empfänglich?
Bin ich in der Lage, zu empfangen und zu handeln?
Bin ich in Balance von Spannung (Aktivität) und Entspannung (Passivität)?

Mystische Kraft / 7

„Ich bin die mystische Kraft – Ich bin die Kraft der Vereinigung"

Sei dir deiner Magie bewusst – Tauche weiter ein in deine magische Kraft – Erweitere deine Wahrnehmung – Hast du die Zügel gut in der Hand? – Welche Richtung willst du einschlagen? – Vermähle deine männlichen und weiblichen Anteile – Zeit, um das magische Herz zu entdecken

Die SIEBEN ist deine Kraft der natürlichen magischen Gaben deines individuellen Selbst. Alle gesammelte Energie (1 bis 5) verbindet sich mit dem Punkt des „Zweiseins", der Polarität (5 + 2 = 7). Deine mystische Kraft ist dein Gegründetsein im individuellen Selbst (5), das freigesetzt wird zwischen den Polaritäten (2). Empfange verborgene Geheimnisse, indem du deine mystische Weisheit anerkennst. Alle deine sieben Energiezentren (Chakren) unterstützen dich darin, deine mystische Kraft auf ein solides Fundament zu stellen. Setze Intuition und übersinnliche Wahrnehmung ein, um ein Gleichgewicht zwischen unsichtbaren und sichtbaren Kräften herzustellen. Die Sieben ist der Höhepunkt und der Brechpunkt der 13-teiligen Welle. Bejahe bedingungslos die sieben Ebenen deines Bewusstseins: deine magische Kraft.

Lichtweisheit: Selbstbejahung, Zugang zur Quelle, Durchgang zwischen den Welten, Vereinigung, Höhepunkt, im Rhythmus mit dem Universum schwingen, Erfolg durch Vertrauen, Selbstvertrauen, siebenzackiger Stern.

Schattenweisheit: Größere Zusammenhänge übersehen, Ignoranz, Kleingeistigkeit, Selbstverleugnung, Isolation, Mangeldenken, Profitdenken.

Heilender Gedanke: „Ich bin in allem, was ist."

Impulse:

Kann ich mich meiner mystischen Kraft öffnen?

Erkunde ich auch in größeren Zusammenhängen?

Kann ich auf dem Höhepunkt des Prozesses gut weitergehen?

Harmonie / 8

„Ich bin die Harmonie – Ich bin die Kraft der Resonanz"

Werde vermehrt aktiv – Sei achtsam – Achte auf dich – Erkenne deine Macht an – Fließe – Kultiviere liebevolle Selbstgespräche – Fließe mit der Welle – Mach nicht immer wieder die gleichen Fehler – Zeit, um in eine größere segensreiche Harmonie zu kommen

Die ACHT ist deine Kraft der harmonischen Resonanzfähigkeit. Alle gesammelte Energie (1 bis 5) verbindet sich mit dem Punkt des „Dreiseins", der Kreativität (5 + 3 = 8). Alle Teile der Wirklichkeit – die physische, die geistige, die energetische Ebene etc. – wollen bald in einer Form erscheinen. Werde dir deiner Schaffenskraft bewusst, der Verbindung deines individuellen Selbst mit deiner Kreativität. Du bist die Mit-Schöpferin, die einzigartigen neuen Möglichkeiten Raum gibt. Schwinge mit, fließe mit, sei in Einklang mit dir. Sei in Resonanz mit allem, was ist. Verlasse die Dissonanz der scheinbaren Gegensätze dieser dreidimensionalen Welt. All deine Kräfte, die sich in der Schwingung der Sieben zusammengeballt haben, singen in der Acht eine neue Oktave deines handelnden Herzens.

Lichtweisheit: Integration, kreatives Handeln, Schaffenskraft, Mitschwingen, Ausgeglichenheit, Konzentration, Harmonie, M*acht*, *Acht*samkeit, Aussöhnung mit der Vergangenheit, achtzackiger Stern.

Schattenweisheit: Unausgeglichenheit, Zerstreutheit, Dissonanz, Abwehr, Selbstverleugnung, Selbstablehnung, Verstrickung, Ver*acht*ung, zu viel Verantwortung für andere übernehmen.

Heilender Gedanke: „Ich bin in Harmonie und Resonanz."

Impulse:

Was will an Dissonantem aus meinem Leben oder Projekt aussortiert werden?
Kann ich meine gesammelte Kraft (5+3) gut auf mein Ziel ausrichten?
Bin ich in der Lage dazu, alle Erfahrungen als gleichwertige Lernerfahrungen anzusehen?

Zeitzyklen / 9

„Ich bin die Zeitzyklen – Ich bin die Kraft der Weiterentwicklung"

Erfülle deine Aufgabe mit Sinn – Was willst du perfektionieren? – Stell deine Talente auf fruchtbare Erde – Erweitere deine Informationen – Sei neugierig – Neunmalklug ist gut – Handle mit Körper, Geist und Seele – Sei charakterfest – Zeit, um etwas abzuschließen und zu vollenden

Die NEUN ist deine Kraft der Erfüllung größerer Zyklen und Lebenskreisläufe, der Erneuerung und Offenbarung. Alle gesammelte Energie (1 bis 5) verbindet sich mit dem Punkt des „Vierseins", des Maßes (5 + 4 = 9). Dein Muster des Lebens, dein Projekt ist in der Blütezeit. Sieh auch die größeren Muster, die großen Zusammenhänge, in die du eingebettet bist. Jetzt geht es um die konkrete Verwirklichung. Was genau willst du in absehbarer Zeit vollenden? Ein Projekt? Einen Persönlichkeitsanteil? Verkörpere Meisterschaft und sei dir bewusst, dass du mit der Vollendung von deinen Zyklen auch Mit-Schöpferin an den großen Zyklen der Erde und des Universums bist. Sei geduldig und ausdauernd. Dies ist die Schwelle zum vollkommenen schöpferischen Handeln. Es wird bald vollbracht sein.

Lichtweisheit: Vervollkommnung, Ausdehnung, Meisterschaft, größere Zyklen, Erfüllung, großer Entwicklungsschritt, Reife, umfassendere Wirklichkeit, Mobilisierung, im Einklang sein.

Schattenweisheit: Nicht im Einklang sein, Depression, Frust, Sackgasse, an Altem festhalten, früheren Zeiten nachtrauern, sich beklagen, begrenzte enge Weltsicht.

Heilender Gedanke: „Ich bin Rhythmus und Weiterentwicklung."

Impulse:

Habe ich den Überblick bei dem, was ich vollenden will?
Bin ich in meinem eigenen Rhythmus zu Hause?
Habe ich Zugang zu meiner kreativen Schaffenskraft?

Manifestation / 10

„Ich bin die Manifestation – Ich bin die Kraft der Vervollkommnung"

Sei mutig – Geh Schritt für Schritt – Feiere dein Erreichtes – Du bekommst Hilfe – Lass dich führen – Netzwerke – Geh voraus – Sei Führungskraft – Erhebe dich – Sei hörbar – Zeige dich – Hab Mut zur Verwirklichung – Zeit, um konstruktiv zu handeln und etwas zu manifestieren

Die ZEHN ist deine Kraft der Manifestation in den größeren Zyklen und Kreisläufen des Lebens. Alle gesammelte Energie (1 bis 5 = individuelles Selbst) verbindet sich mit dem Punkt des „Fünfseins", deinem Höheren Selbst (5 + 5 = 10). Der Schlüssel zur Manifestation ist deine Ausrichtung nach deiner Göttlichen Essenz. Erschaffe eine Energiematrix, ein Bild dessen, was du in einer Form sehen willst. Du wirst dazu aufgefordert, all deine unbewussten Glaubenssätze aufzuspüren. Auf welchen Überzeugungen beruht dein derzeitiges Leben? Schöpfe aus deinen reichhaltigen Gaben, erkenne deine wahre Identität und freue dich auf baldige sichtbare Ergebnisse. Die Sprache des Bewusstseins ist die Sprache des Fühlens. Deine Gefühle, in Kombination mit Gedanken, sind die Anweisungen für den Göttlichen Urgrund. Willkommen, bewusste Mit-Schöpferin!

Lichtweisheit: Absicht, wahre Identität, Fundament des Höheren Selbst, schöpferisches Handeln, umfassende globale Perspektive, Manifestation, magisches Schaffen, Klarheit, Ausrichtung.

Schattenweisheit: Zweifel, Zerstreutheit, Absichten, die nicht zum Wohle der Gemeinschaft sind, Unklarheit, Chaos, Engstirnigkeit, Schwierigkeiten zu manifestieren, nicht in Resonanz sein.

Heilender Gedanke: „Ich bin die Gotteskraft."

Impulse:

Welche begrenzenden Gedankenmuster und Überzeugungen habe ich?
Welche Blockaden hindern mich am Manifestieren?
Bleibe ich mir und meiner klaren Vision und Absicht treu?

Dissonanz / 11

„Ich bin die Dissonanz – Ich bin die Kraft der Auswahl"

Sortiere aus – Wo gibt es noch Unstimmigkeiten? – Setze einen Punkt unter Erledigtes – Nutze Dissonanz als Sprungbrett – Du befindest dich jetzt auf einer höheren Stufe – Das Ende eines Zyklus ist in Sicht – Lass dich jetzt nicht entmutigen – Zeit für Reinigung und Klärung

Die ELF ist deine Kraft der Auswahl. Du erkennst Dissonantes und wählst das Wesentliche aus. Alle gesammelte Energie (1 bis 5 = individuelles Selbst) verbindet sich mit dem Punkt des „Fünfseins“, deinem Höheren Selbst (5 + 5 = 10) und mit der Einheit (5 + 5 + 1 = 11). Du hast viel erreicht. Jetzt bist du dazu aufgerufen zu überprüfen, was du noch aussortieren oder transformieren solltest. Was ist unstimmig? Was braucht Verwandlung? Voraussichtlich wird einiges, was du nicht bist, was dein Projekt nicht braucht, von dir abfallen. Verluste und schmerzliche Abschiede können auftauchen. Mach dich auf einen radikalen Wandel gefasst. Lass das Licht deines wahren Selbst, deines Projektes, noch intensiver durchscheinen und aufleuchten. Befreie dich. Konzentriere dich auf das Wesentliche. Ordne neu!

Lichtweisheit: Wandel, Loslassen, Entfernen, zum Wesentlichen kommen, Reinigung, Kompliziertes vereinfachen, auf den Punkt bringen, den Finger in die Wunde legen, heilen, heil machen.

Schattenweisheit: Nicht loslassen können, Anhaften, Disharmonie, Widerstand, Verweigerung, Ziellosigkeit, Zerstreuung, sich Veränderungen verweigern

Heilender Gedanke: „Ich bin der Segen des Wesentlichen.“

Impulse:

Was ist das Wesentliche, was ist wirklich wichtig?
Bin ich in der Lage dazu, mich dem ständigen Wandel hinzugeben?
Welche inneren Widerstände wollen wegschmelzen?

Stabilität / 12

„Ich bin die komplexe Stabilität – Ich bin die Kraft
des Einsseins in der Polarität"

Du hast eine Stabilität erreicht – Geh weiter – Das Licht am Ende des Tunnels zeigt sich – Richte dich erneut auf dein Ziel aus – Halte durch, bald ist es geschafft – Arbeite Hand in Hand – Wo gibt es Gemeinschaft? – Gib dich ganz an dein Selbst hin – Zeit für Flügel zu bekommen

Die ZWÖLF ist deine Kraft der komplexen Stabilität. Alle gesammelte Energie (1 bis 5 = individuelles Selbst) verbindet sich mit dem Punkt des „Fünfseins“, deinem Höheren Selbst (5 + 5 = 10) und der Polarität aller Dinge (5 + 5 + 2 = 12). Nach einer Phase der Reinigung bei der Elf gibt es nun ein neues gutes stabiles Gleichgewicht. Du hast dich auf das Wesentliche konzentriert und unnötigen Ballast abgeworfen. Freue dich nun über das bisher Erreichte. Schöpfe aus dem Vollen. Danke dir selbst für deine Schaffenskraft. Fühle deine Verbundenheit am großen Werk des Universums. Du bist ein wichtiger Teil. Deine konstruktive Kreativität, deine entwickelte Seele werden benötigt. Öffne dich neuen Wahrnehmungen, lausche dem Ruf deiner Seele, dem Rufen des Universums. Das Ende eines Zyklus ist in Sicht.

Lichtweisheit: Stabilität, eins sein in der Polarität, Verbundensein, Ausdehnung, Entspannung, Ruhe, Einfachheit, Vorbereitung auf Neues, größere Zusammenhänge sehen, Entspannung, Regeneration.

Schattenweisheit: Nicht entspannen können, den Erfolg nicht genießen können, Unruhe, Trennung, Angst, Grübeln, Talente und Fertigkeiten zur Schau stellen.

Heilender Gedanke: „Ich bin eins im Spiel der Kräfte.“

Impulse:

Kann ich mich über meine Erfolge freuen?
Kann ich Stabilität genießen?
Kann ich mich loben und feiern?

Universelle Bewegung / 13

„Ich bin die universelle Bewegung – Ich bin die Kraft der Ewigkeit"

Ein Zyklus ist beendet – Was will noch abgeschlossen werden? – Freue dich, du bist am Ziel – Mach ein Fest – Mach eine Pause, bevor du zu neuen Taten aufbrichst – Erwarte Unerwartetes – Beginne bald einen neuen Zyklus – Zeit , um den „Göttlichen 13. Himmel" zu genießen

Die DREIZEHN ist deine Kraft der Universellen Bewegung. Alle gesammelte Energie (1 bis 5 = individuelles Selbst) verbindet sich mit dem Punkt des „Fünfseins", deinem Höheren Selbst (5 + 5 = 10), dem Punkt der „Dreiheit" (Rhythmus) aller Dinge. (5 + 5 + 3 = 13). Jetzt ist eine optimale Entwicklung deines Projekts erreicht. Du schaust auf deine gestaltete Form. Glückwunsch! Die 13 ist die Schwingung radikaler Veränderungen. Das Prinzip der Wandlung ist ein Katalysator der Integration und des weiteren Wachstums. Bald fließt die Welle zurück in die Einheit (HUNAB KU). Die Energie der 13 bietet dir die Chance zu einem radikalen Quantensprung. Sei offen für die universelle Bewegung. Nimm Abschied von Altem und spiele erneut auf dem Spielfeld der Seele (1 bis 13). Rechne mit Überraschungen!

Lichtweisheit: Abschluss und gleichzeitig auch Anfang eines Zyklus, Tod (Tarot), radikale Veränderung, Transformation, Abschied nehmen, Rückkehr, erfülltes Leben, Segen, Weisheit, Dimensionssprung, neue Entwicklungsstufe, Mondzyklen.

Schattenweisheit: Angst vor Veränderung, Festhalten, Wehmut, Trauer, sich bedroht fühlen, sich dem „Stirb und Werde" widersetzen, Erstarrung.

Heilender Gedanke: „Ich bin fruchtbarer beständiger Wandel."

Impulse:

Kann ich meine erschaffene Form genießen und auch wieder loslassen?
Vertraue ich den Zyklen meines Lebens?
Kann ich die Ernte bewahren und als Inspiration für Neues nutzen?

Bildübersicht der Ursymbole und der 13-teiligen Welle

Die 20 Ursymbole

Es gibt unterschiedliche gebräuchliche Maya-Namen für die Zeichen. In Europa werden vor allem die Namen der Zeichen aus Yucatan (Mexiko) und Guatemala benützt. Der TZOLKIN (Yucatec-Maya) wird Cholq'ij in Rabinal-Maya (Guatemala) genannt. In den Begleittexten im Buch sind die Namen der Zeichen in Yucatec-Maya (nach dem Buch von Magda Wimmer, siehe Bibliographie) genannt. Die Namen aus Guatemala* sind hier in Klammern angegeben (Aussprache: J=ch/x=sch).

IMIX (1)
Schöpfung (Imox)

IK (2)
Inspiration (I'q)

AKBAL (3)
Intuition (Aq'ab'al)

KAN (4)
Lebenslust (K'at)

CHICCHAN (5)
Lebenskraft (Kan)

CIMI (6)
Befreiung (Kame)

MANIK (7)
Heilung (Kej)

LAMAT (8)
Schönheit (Q'anil)

MULUC (9)
Reinigung (Toj)

OC (10)
Verbundenheit (Tz'i')

CHUEN (11)
Freude (B'atz)

EB (12)
Erfüllung (E)

BEN (13)
Freiheit (Aj)

IX (14)
Magie (I'x)

MEN (15)
Vision (Tz'ikin)

CIB (16)
Weisheit (Ajmaq)

CABAN (17)
Balance (No'j)

ETZNAB (18)
Erkenntnis (Tixaj)

CAUAC (19)
Transformation (Kawoq)

AHAU (20)
Erleuchtung (Ajpu)

* www.guatesol.ch/tzolkin.html

Die 13 Zahlen und die 13-teilige Welle

1	Einheit
2	Polarität
3	Rhythmus
4	Konkretisierung
5	Mittelpunkt
6	Gleichgewicht
7	Mystische Kraft
8	Harmonie
9	Zeitzyklen
10	Manifestation
11	Dissonanz
12	Komplexe Stabilität
13	Universelle Bewegung

Nachwort

Ein Segen: 20 Sonnen

Sei dir bewusst, dass du gesegnet bist.

Du bist, was du bist – ewig, weitreichend, kraftvoll und schöpferisch.

Mögest du
dich in Liebe geborgen gehalten wissen,
eins sein mit deinem schöpferischen Geist,
deine tiefe Inspirationsquelle nähren,
den Träumen deiner Seele genug Raum geben,
im Fluss der Lebensenergie fließen.

Mögest du
das Geheimnis des ewigen Wandels annehmen,
dich mit deinem inneren Licht verbinden,
Harmonie und Schönheit beherbergen,
das Gefäß des göttlichen Geistes wiegen,
der Stimme deines Herzens vertrauen.

Mögest du
das göttliche Sonnenkind spielen lassen,
der offene Kelch sein, der die kosmischen Gaben empfängt,
die Verbindung von Himmel und Erde in dir feiern,
in Einklang mit dem göttlichen Willen handeln,
willensstark an deine Vision glauben.

Mögest du
Herzensweisheit machtvoll verströmen,
die liebende Erdenergie hüten,
das stille Wissen der Wahrheit anerkennen,
dein göttliches Selbst erklingen lassen,
die heilende Kraft der allumfassenden Liebe ausstrahlen.

Mögest du den Himmel auf Erden in dir miterschaffen.
Mögest du frei sein, die zu sein, die du bist.
Mögest du wählen, was dein Herz erfreut,
dein Denken beflügelt und dich dein Leben tanzen lässt.

Sei dir bewusst, dass du gesegnet bist.
Sei dir bewusst, dass jeder ein Maya-Tagehüter sein kann.

Maya zu sein heißt: Bewusste Mit-Schöpferin und Hüterin der Erde zu sein!

Sei dir bewusst, dass die Maya als Kinder der Sonne,
als Adepten der Harmonie und Weber der Zeit
jetzt das Weltall und dein und unser Bewusstsein durchstreifen,
um beim Erwachen der Menschheit Hilfestellung zu geben.

Anhang

Danksagung

Die Erde ist angefüllt mit Himmel.

– ELIZABETH BARRETT BROWNING –

Ein Projekt der Herzensweisheit entsteht nicht von heute auf morgen. Es wird jahrelang im Innern vorbereitet. Erst wenn die Zeit reif ist, wird das eigene Suchen und Finden, das Wissen um die ewige Wirklichkeit, das kreative Göttliche in eine Form gebracht.

Schon als Kind galt meine Wissbegierde den alten Sonnenkulturen der Maya, Inkas und Tolteken sowie anderer Weisheitstraditionen dieser Welt. Von klein auf hatte ich Zugang zur unsichtbaren anderen Wirklichkeit, zu Geschichten, Träumen und Visionen. Aufgewachsen in Deutschland, in einem eher wissenschaftlich-analytischen Umfeld, war meine Gabe, die verschiedenen Ebenen der Wirklichkeit gleichzeitig zu erfahren und zu erkunden, eine herausfordernde Reise im Hinblick auf Vertrauen, Hingabe und persönliche Kraft.

Zu danken habe ich

- den Maya-Priestern und Maya-Priesterinnen, den Weisen aus allen alten Sonnenkulturen, die mir gezeigt haben, dass eine zusätzlich symbolische

Sichtweise des eigenen Lebens der direkte Draht zu mehr Freude, Selbstbewusstsein und schöpferischer Kraft ist,

- dem ursprünglichen Heiligen TZOLKIN als kosmischer Landkarte und Spielfeld kreativ-spirituellen Wachstums. Schöpferisch, intuitiv, fließend, poetisch und symbolisch bietet er einen kosmischen Tanz und kraftvollen Dialog mit der Seele,
- der Maya-Göttin IXCHEL, Göttin der Fruchtbarkeit und Kreativität, Mondgöttin und Weberin des Lebenszyklus, Göttin der heiligen weiblichen Kraft,
- CHUEN, der schöpferischen Kraft des Göttlichen Kindes, der heiligen heilenden Kraft des Spielens,
- den Menschen, die mich stets unterstützt und geliebt haben, die mich auf meinem „Weg zur Sonne" immer wieder ermutigt und begleitet haben.

Ganz besonderer Dank gilt Elke Wagner, Leiterin des Instituts HEILENDE KRÄFTE IM TANZ®. Herzlichen Dank für die erfüllten tänzerischen Lehr-und Wanderjahre, für einen bewegten Lernprozess in Harmonie und Schönheit.

Bedanken möchte ich mich bei meinen Schülerinnen, meinen Lehrern und Lehrerinnen, meinen Freunden und Wegbegleitern, und allen Menschen, die ohne es zu wissen einen Beitrag zu diesem Werk geschaffen haben.

Mein Dank gilt auch Jennifer und Monika Jünemann vom Windpferd Verlag für das Vertrauen, den Glauben an mich und meine Arbeit und für die Realisierung dieses Buches mit Orakelkarten.

Abschließend geht mein Dank an die Göttliche Urquelle, die uns alle auf eine spannende emotionale Reise zum Göttlichen Selbst, zur „Erleuchtung des Herzens" einlädt.

Glossar

Abwun: In Aramäisch, der Muttersprache von Jesus, der „Vater-Mutter Kosmos". Abwun bedeutet die absolute Wirklichkeit, die Weltseele, die absolute, göttliche Kraft. Im Hinduismus ist Brahman die große kosmische Kraft jenseits aller Geschlechtlichkeit. Brahman manifestiert sich in dem kosmisch-männlichen, statischem Prinzip Shiva und dem kosmisch-weiblichen, bewegenden Prinzip Shakti. Im Urchristentum ist Gott der Vater, die große kosmische Kraft jenseits der Geschlechtlichkeit. Gott der Vater manifestiert sich in dem Sohn, dem männlichen Aspekt Gottes, und in Sophia, dem Heiligen Geist, dem weiblichen Aspekt Gottes. Die Schechina ist das Gesicht Gottes in der jüdischen Mystik. Die weibliche Schöpferkraft ist die kreative schöpferische Kraft der Frauen, sie ist aber auch die schöpferische Kraft des Universums in uns – und das gilt für Frauen ebenso wie für Männer. Die weibliche Schöpferkraft ist auch die Kundalini (Maya: CHICCHAN) im menschlichen Körper, die, wenn sie zum Kronenchakra aufgestiegen ist, Gottesbewusstsein hervorbringt. Diese Kraft treibt den kreativen Ausdruck und das spirituelle Wachstum voran und gebiert immer neue Welten.

Adept: Von lat. adeptus, „der erlangt hat"; Bezeichnung für eine Person oder einen Schüler, der in eine Geheimlehre, Geheimwissenschaft oder in Mysterien eingeweiht ist; Jemand, der Weisheit, Eigenmacht und die Freude der ewigen Liebe erlangt hat.

Adepten der Harmonie: Wesen, die im Zustand der Einheit von Körper, Geist und Seele weilen; eine Harmonie und Verbundenheit von individuellem Selbst und Höherem Selbst; eine Widerspiegelung einer höheren Ordnung der Wirklichkeit.

Alchemie: Alchemie ist eine Universalwissenschaft, die das Wissen um die Natur der Materie und ihrer Wandlung vermittelt. Innere Alchemie ist der Prozess der Transformation vom individuellen Selbst zum Höheren Selbst. Für die Hochzeit des Männlichen und des Weiblichen im Menschen wird in der Alchemie das Symbol „Blei zu Gold wandeln" verwendet. Bei den Alchemisten symbolisierte Gold die höchste Entwicklung in der Natur und personifizierte als Element auch die Erneuerung des Menschen. Ein „goldener Mensch" war einer, der sich transformiert hatte und wie Phönix aus der Asche auferstanden war.

Anima: Lat. mit der Bedeutung „Seele" oder „Geist". Anima ist auch ein Begriff aus der Analytischen Psychologie nach Carl Gustav Jung. Die Anima ist die Seele, der fühlende Teil, die innere Weiblichkeit, aber auch der Körper. Animus und Anima sind die wichtigsten Archetypen, die im persönlichen und kollektiven Unbewussten angelegt sind. Die inneren oder äußeren Bilder von Anima und Animus beim individuellen Menschen können vereinfacht als „Personifikationen einer weiblichen Natur" im Unbewussten des Mannes und einer „männlichen Natur" im Unbewussten der Frau bezeichnet werden.

Apokryphen: Apokryphen sind Texte, wie zum Beispiel das Thomas-Evangelium und das Evangelium der Maria Magdalena, die nicht in den biblischen Kanon aufgenommen wurden. Dafür gibt es inhaltliche oder religionspolitische Gründe.

Archetyp: Ein in einem Individuum oder einem Kollektiv lebendes Bewusstseinsfeld, in dem sich die verschiedenen Gesichter des Göttlichen offenbaren; auch bezeichnet als „tönendes Schwingungsfeld“ oder ein „Engel“.

Aufmerksamkeit: Die Meisterung des menschlichen Geistes erfordert die Beherrschung der Aufmerksamkeit. Im Traum der 1. Aufmerksamkeit eignen wir uns das Symbolsystem unserer Kultur mit allen Glaubensätzen und Überzeugungen an. Im Traum der 2. Aufmerksamkeit wird die Aufmerksamkeit nach innen gerichtet; Überzeugungen werden hinterfragt und auf die zeitlose Wahrheit des Herzens gerichtet. Die Kraft des Zweifels befreit immer mehr von geistigen und kulturellen Begrenzungen. Der Traum der 3. Aufmerksamkeit ist der Traum des Menschen, dessen wahres Göttliches Selbst erwacht ist.

Bewusstes Träumen: Die Hauptfunktion des Geistes besteht im unbewussten und bewussten Träumen. Mit dem normalen Träumen im Schlaf hat dieses Träumen nichts zu tun. Es ist vielmehr eine Erweiterung des Bewusstseins, indem man zutiefst mit der zeitlosen Wirklichkeit und der zeitlosen Wahrheit verbunden ist.

Bewusstsein: Bewusstsein schafft Realität. Das wache Fühlen des nach innen gerichteten Bewusstseins erkennt seine eigene Quelle, nämlich Gott. Das nach außen gerichtete Bewusstsein erschafft dagegen den Verstand und die Welt der Trennung. Menschen leben auf sehr unterschiedlichen Bewusstseinsebenen und können Wirklichkeit und Wahrheit nur in Relation zu ihrer Ebene wahrnehmen. Im heutigen Zeitalter ist das rationale Bewusstsein vorherrschend.. Das Christus-Bewusstsein oder Sonnenbewusstsein ist die

Verschmelzung mit dem eigenen Höheren Selbst, dem Sonnenengel. Das nicht-duale Bewusstsein ist die höchste Stufe menschlichen Bewusstseins, das Reich Gottes, in dem Jesus lebte und wovon er seinen Anhängern predigte.

Christus-Selbst: Jeder Mensch ist ein multidimensionales Wesen mit unterschiedlichen Schwingungsfeldern und Körpern. Aus Sicht der „Ich-Bin-Einheit" ist jeder ein Christus. Das wahre Wesen des Menschen besteht aus drei großen Aspekten: der Persönlichkeit (physisch, mental, astral), dem Höheren Selbst (Sonnenengel) und dem Christus-Selbst. Der co-kreative Tanz des Christus-Selbst ist der Tanz der Liebe und Harmonie.

Co-Kreativität: Die co-kreative Spiritualität ist ein interaktiver Prozess, der Weg der bewussten Göttlichen Mit-Schöpferin. Co-Kreativität weckt das Schöpferische und Lebendige, Ungezähmte und Wilde. Menschen auf diesem Weg verbinden sich mit ihrer eigenen Natur wie auch miteinander und erschaffen ein Resonanzfeld der Bewusstseinserweiterung.

Dimension: Die verschiedenen Dimensionen im Universum sind kein Ort, sondern entsprechen unterschiedlichen Bewusstseinszuständen. Interdimensional zu leben bedeutet, in der Lage zu sein, auf parallele Frequenzen, die in einer schnelleren Schwingung als die unserer dreidimensionalen Realität existieren, zugreifen zu können. Die Dritte Dimension unserer Alltagsrealität ist eine Art Testlabor und Lernumgebung für die Integration von Körper, Geist und Seele. Sie wird von Dualität, Polarität, dem Gefühl des Getrenntseins und Ängsten bestimmt. Wenn ein Mensch überwiegend auf dieser Ebene lebt, nimmt er nur das rein Materielle wahr, hat keine Ahnung von seinem

Höheren Selbst als göttliches Wesen und folglich Angst vor Wandel und Tod. Der Planet Erde befindet sich seit geraumer Zeit in einer Verschiebung der Dimension und Frequenzerhöhung.

Dualität: Dualität ist ein menschliches Glaubenssystem, das teilt und spaltet in richtig oder falsch, in gut oder böse. Dualität ist nicht gleichbedeutend mit Polarität. Die Göttliche Wirklichkeit kann nicht in einer dualen Sprache erfasst werden. Die Muttersprache von Jesus, das Aramäische, konstruiert die Wirklichkeit nicht in einem dualistischen Gedankengebäude, sondern verhilft durch mehrere wortgetreue Variationen der gleichen Aussage und auf poetische Weise zum wirklichen Verständnis seiner Botschaft.

Ego/Ich: Das Ich oder vom Verstand gesteuerte Ego des Menschen besteht aus Trennung und komplexen mentalen Strategien, die versuchen, das Leben in eine bestimmte Form zu pressen. Das gesunde oder geheilte Ego als Gefährt zur Heimreise feiert das Leben und ist in der Verbindung zum Höheren Selbst ein bewusstes aktives Schöpferbewusstsein mit proaktiver Gestaltung. Das ungeheilte Ego ist dagegen ein unbewusstes und reaktives System, das nur Getrenntsein kennt. Die Aufgabe des Menschen besteht darin zu erkennen, dass sein Wesenskern immer heil und ganz ist.

Einheit: Der Zustand des friedvollen Herzens; das Herz lebt in der Einheit, im wahren Sein.

Erleuchtung: Erleuchtung findet über die Hinwendung zum Körper statt. Der Körper ist pulsierendes intelligentes Bewusstsein, dass nicht zu täuschen ist. Er besteht aus einem Netzwerk der Kommunikation, ist Botschafter mit vielfältigen Informationssystemen. Das Erfahren der „Äußeren Welt“, das „Ganz im Körper sein", „mit allen Sinnen sein", ist der erste Schritt zur Erleuchtung. Erleuchtung entsteht nicht durch Wissen anhäufen, oder intellektuelles Argumentieren, nicht durch Einweihung (von außen), sondern durch Selbsterkenntnis, „tief nach innen spüren", „Immer mehr durchlichtet werden, Licht werden".

Galaktische Kommunikation: vgl. kosmische Kommunikation

Glyphe: Glyphen oder Sternglyphen (= die 20 Sonnenzeichen und die 13 Zahlen) sind archetypische Symbole als stille Frequenzträger, Codierungen von Inhalten, die in der ätherischen feinstofflichen Welt als Lichtcodes existieren. Eine Glyphe ist eine metaphorische Zeichnung oder Skulptur, die eine Fülle kosmischer Information in symbolisch verschlüsselter Form enthält. Menschen mit höhersinnlicher Wahrnehmung können sie sehen und in eine leicht zugängliche Darstellung heben.

Gott/Göttin: Gott ist der Schöpfer, die Schöpferin, die allgegenwärtige androgyne Energie des Universums, das Universelle Bewusstsein, die Göttliche Urquelle, die Göttliche Matrix, der Vater-Mutter-Kosmos. Gott ist Künstler, das Prinzip der Kommunikation und Kreation. Gott kann man nicht erklären oder darstellen, man kann ihn nur hautnah erfahren, indem man ein werdender Gott wird: „Gott wird Mensch, damit der Mensch Gott wird" (Augustinus).

Göttliches Sonnenkind: Eine Metapher für den frischen, noch unkonditionierten Geist; ein Wesen, das wie ein spielendes Kind den Pfad des Vertrauens wandert und in Verbindung mit seiner Instinktnatur (Wilde Frau, „Wolfsfrau") und seinem Herzenswissen ist und sich dem Willen des Göttlichen Geistes (Spirit) ergeben hat.

Heilige Hochzeit: Die Vereinigung verschiedenster, komplementär wirkender Gegensatzpaare, die gemeinsam zu einer höheren Einheit werden. Im persönlichen Kontext: die Vermählung von weiblichen und männlichen Anteilen (Animus und Anima) in der Psyche des Menschen, die zu einer Balance führt. In alten Hochkulturen: die Verbindung eines Himmels-, und Sonnengottes mit einer Erdgöttin, oder die Verbindung eines Erdgottes mit einer Himmelsgöttin.

Himmel: Im ursprünglichen Sinn nach der aramäischen Sprache weder ein Ort noch ein metaphysisches Konzept, sondern eine Schwingungsfrequenz und ein Bewusstseinszustand: „Der Himmel beginnt in dir." Aramäisch ist eine sehr erdverbundene Sprache und vermittelt eine ganzheitliche Sicht der Welt.

Hingabe: Hingabe bedeutet, sein höchstes Potenzial willkommen zu heißen, die Dinge so anzunehmen, wie sie sind, sich Gott anzuvertrauen und die Auferstehung im Geiste zu feiern.

Höheres Selbst: Das ewige Höhere oder Wahre Selbst, unser Wesenskern, der nicht durch überaktive Ego-Wünsche, oder äußere Manipulation zu beeinträchtigen ist. Der Sonnenengel. Die Quelle der Inspiration und inneren Führung. Der immerwährende Teil des Selbst, der Raum und Zeit transzendiert.

HUNAB KU: Das Göttliche Prinzip der Maya, Großer Geist, Energiespirale, Gott; der Eine, Spender von Bewegung und Maß, das Prinzip intelligenter Energie, welches das gesamte Universum durchwebt. Gleichzeitig auch der „Geist des Menschen".

Hüterin der Erde: Eine Frau, die verantwortungsbewusst den Weg des Herzens geht. Bei den Maya waren Tagehüter, Schamanen und Priesterinnen diejenigen, die in das tiefe Wissen des Universums eingeweiht waren und mit der Schwingungsqualität des jeweiligen Tages (260 KINs) lebten und arbeiteten. Heute kann jeder, der sich berufen fühlt, mit Herzensweisheit Verantwortung für sich und für Mutter Erde zu übernehmen, ein bewusster Tagehüter, eine Hüterin der Erde sein.

Ich-Bin-Selbst: Derjenige Aspekt des Selbst, der vollkommen eins ist mit „Gott"/ „Göttin". Das Gott-Selbst. Das Christus-Selbst.

Individuelles Selbst: Das Selbst, das sich (nur) mit seiner Persönlichkeit (Ich-Struktur) identifiziert. Das „Kleine Selbst", das sich aber im Verlauf seiner (Trauma) Heilung ins „größere harmonische Selbst", ins „geheilte Ego" hineinbewegen kann.

Initiationsweg: Eine Reise nach innen, ein schrittweises Öffnen in ein Höheres Bewusstsein, die Entwicklung von schöpferischer Kraft, Lebenslust und Lebensfreude, und von medialen Fähigkeiten; ein von der Vision her ausgerichteter interaktiver Prozess zwischen einem Menschen und einer archetypischen Energie zum Zweck spirituellen Wachstums; ein Lichtkörperprozess, ein Evolutionsspiel.

IN LAK'ECH (In la:kesj): Sittenkodex und Gruß der Maya mit der Bedeutung: „Ich bin ein zweites Du" oder „Ich bin du und du bist ich". Die Basis des Prinzips universaler Liebe und Mitgefühl. Den Maya-Code „In Lak'ech" zu leben bedeutet zu wissen, dass mein Denken und meine Handlungen Auswirkungen auf das ganze Leben und den Geist des Kosmos haben.

Innenwelt: Die unbewusste innere Welt, die im Verborgenen liegt, bestimmt die äußere Welt. Der Zugang zur Weisheit der Innenwelt ermöglicht Transformation und sinnvolle Manifestation.

Kabbala: Die Kabbala ist eine mystische Tradition des Judentums. Ziel und Bestreben des *Kabbalisten* ist das Schöpferbewusstsein, die Co-Kreativität, das bewusste Mit-Schöpfertum. Das Grundthema ist die bewusste Gestaltung der Beziehung zu Gott, zu sich selbst und der Welt.

KIN: Die Sonne, der Tag; Hauptvermittler HUNAB KUs für unser Sonnensystem; die 20 Sonnenzeichen (= die Lebensaufgabe).

Kosmische Kommunikation: Botschaften, die außerhalb unserer begrenzten Wahrnehmung der fünf Sinne liegen; Botschaften von Wesen – oder Seelenanteilen – aus anderen Dimensionen, die uns Führung und Weisheit vermitteln (siehe auch Sprache des Lichts). Die Öffnung der feinstofflichen Kanäle und der Umgang mit übernatürlicher Wahrnehmung müssen sachgemäß erlernt werden. Wahre reine Wahrnehmung ist nur möglich, wenn vorher alle drei Körper der Persönlichkeit (physischer, mentaler und emotionaler Körper) integriert wurden.

Kosmologie: Weltsicht, Weltbild, die Lehre von der Welt.

Kosmos: Im ursprünglichen Sinn nach der aramäischen Sprache ist „Kosmos" kein metaphysisches Konzept, sondern die Erde, das Universum, der Körper, Mikro- und Makrokosmos. Die Erde ist genauso ein Göttliches Prinzip wie der Himmel.

Kreatives Erwachen: Kreatives Erwachen (Creative Awakening) ist ein Prozess der Wahrnehmungs- und Bewusstseinserweiterung; eine Kommunikation und Kommunion mit der Seele; ein Training von Intuition, Kreativität, subtiler Wahrnehmung und Herzensintelligenz; ein Aufwachen und Erwachen zur selbstbewussten prozessorientierten Forscherin, Träumerin und Gestalterin, zur bewussten Mit-Schöpferin, die die Kunst der Manifestation bewusst ausübt (siehe auch Initiationsweg).

Kreativität: Kreativität findet in einem erweiterten Bewusstseinszustand statt, in dem das Nicht-Wissen (alles Wissen loslassen), das Nicht-Denken (die Dimension jenseits des linearen Verstandes) und das Nicht-Handeln oder Nicht-Wollen (dem Impuls folgen) Regie führen. Kreativität ist eine Synthese von Intuition und Intention.

Kundalini: Die Schlangenkraft steht für das Erwachen der schöpferischen Kraft in IX und steht für die Fähigkeit zur ständigen Transformation. Bildlich ruht sie aufgerollt am Ende der Wirbelsäule. Erweckt steigt sie nach oben in Richtung Kronen-Chakra. Die Schlangenkraft ist spirituelle Energie, Lebenskraft und Sinnbild für Heilkraft.

Lichtcodierte Seelenfelder: Lichtpulsationen. Lichtsprache. Übermittlung von Lichtessenz.

Lichtkörper: Der Körper aus interstellarem Licht, der außerhalb von Zeit und Raum besteht und zwischen den Dimensionen reisen kann. Der Mensch ist intelligentes Licht. Der physische Körper besteht aus Lichtfunken. Der (Licht)Körper ist das Tor zur Erfüllung. Die (feinstofflichen) Sinne sind die

Tore zur Präsenz im „Hier und Jetzt". Erleuchtung (Integration) findet über den Körper statt.

Magie: Ein scheinbar ungewöhnliches Erlebnis, das in Wirklichkeit eine natürliche Manifestation der Gesetze des höheren Bewusstseins darstellt.

Maya: Das Wort Maya bedeutet „Wissen woraus das Universum gewebt ist"; „Zugang zur universellen Weltordnung haben" (siehe Magda Wimmer). In vielen Kulturen, ist der Laut „Ma" die Bezeichnung für die Mutter und die Göttliche Mutter.

Mit-Schöpferin: Jeder von uns ist ein Schöpfer, eine Mit-Schöpferin, ob bewusst oder unbewusst. Eine bewusste Mit-Schöpferin lebt im Hier und Jetzt. Sie weiß, dass ihre Gedanken, Worte und Taten von heute die Samen für die Ereignisse von morgen sein können. Sie heilt und steuert ihr emotionales System und verwandelt ihr unbewusstes reaktives System, das ungeheilte Ego, in ein gesundes Ego, das bewusste aktive Schöpferbewusstsein des Höheren Selbst. Die Mit-Schöpferin gestaltet immer mehr proaktiv, anstatt nur zu re-agieren, und träumt zunehmend einen gesunden Traum.

Multidimensionalität: Im multidimensionalen oder interdimensionalen Bereich, dem Raum des reinen Bewusstseins, findet ein holografisches Denken in allen Möglichkeiten statt. Es gibt alles und es gibt nur das Jetzt. Diese Dimension ist die Ebene der Seele, der bedingungslosen Liebe, die Dimension jenseits der linearen Zeit und die Sphäre des Zugangs zum All-Wissen, zu Engelwesen und geistigen Führern. Diese sind immer da, doch allein mit der dreidimensionalen Wahrnehmung nicht wahrzunehmen.

Persönlichkeit: Von lat. persona, „die Maske" (besonders des Schauspielers). Die Persönlichkeit verdeckt das wahre Selbst, sie maskiert das Höhere Selbst und den innewohnenden Christus.

Polarität: Das Vorhandensein zweier elektrischer oder magnetischer Pole; während in der Dualität ein Konflikt zwischen dem Negativen und dem Positiven besteht, wird bei der Polarität Positives und Negatives voneinander angezogen. In der Polarität finden wir sanfte Kräfte, die zusammenarbeiten, um ein Gleichgewicht zu schaffen. Die Polarität ist eine sich gegenseitig ergänzende Zweiheit. Wo Dualität Dinge in schwarz oder weiß teilt, umfasst Polarität das gesamte Spektrum. Die Schöpfung arbeitet nicht durch entgegengesetzte Kräfte, sondern strebt nach einer Harmonie der Gegensätze.

Schattenweisheit: Die Schattenweisheit ist der gehaltvolle Boden, aus dem oft die größten Schätze gehoben werden. Diese Anteile suchen Akzeptanz, Liebe, Transformation und Integration.

Seele: Die Seele ist die immerwährende wahre Realität.

Selbstermächtigung: Die eigene Selbstautorität als Mit-Schöpferin des Göttlichen; eine stufenweise Öffnung und innere Einweihung in neue seelisch-geistige Räume.

Spiritualität: Spiritualität ist eine auf die Göttliche Kraft ausgerichtete innere Haltung, in der die Verbindung zu Gott als tragend erlebt wird. Sie ist ein Gefühl für die Tiefe der eigenen unsichtbaren Natur, die absolute Bereitschaft, dem Fluss des Lebens zu folgen und hinter die eigene Ich-Struktur, die Persona, zu schauen. Spirituelles Wachstum, das Bewusstwerdung und

Heilung bedeutet, und Co-Kreativität sind das grundlegendste Mittel zur Linderung von Leid in dieser Welt. Eine tief mit allen Sinnen im Körper und auf der Erde verwurzelte Spiritualität richtet das Leben vom physischen Dasein und vom feinstofflichen Lichtkörper her aus.

Sprache des Lichts: Die Sprache des Lichts ist die Sprache der Göttlichen Liebe und der Schöpfung. Kommunikation mit dem Göttlichen kann ein fester Bestandteil des Alltags werden, wenn man Zugang zu höheren Anteilen seines Bewusstseins bekommt. Voraussetzung für diese Kommunikation ist neben einer erweiterten Wahrnehmung eine gute Erdung durch tiefe Wurzeln, gepaart mit einer sehr gut geschulten Intuition und Unterscheidungskraft (siehe auch Kosmische Kommunikation).

Sternensaat: Sternenbewusstsein, das vollständige Lichtbewusstsein.

Symbolisches Bewusstsein: Archetypische symbolische Einsicht, erkennt in den Herausforderungen des Lebens die Lernaufgabe, den Sinn und die „Perle". Eine symbolische Einsicht fördert Selbstliebe und Schöpferkraft. Als zeitlose Einsicht berührt sie das Höhere Selbst, den Sonnenengel.

Synchronizität: Synchronistische Ereignisse, sogenannte „Zufälle", sind das Ergebnis von Kommunikationsprozessen innerhalb des größeren kosmischen Geschehens.

TZOLKIN: Der TZOLKIN, wörtlich „Zählung der Tage", ist ein Heiliger Kreis der Kraft, ein Kreativitäts-Code der Schöpfung und ein Spielfeld der Seele. Die Maya benutzten ihn für rituelle Zwecke als Zugang zum Netz des Universums. Jeder Tag (Kin) wird durch eine Kombination von einem Sonnenzeichen

(1 bis 20) mit einer Zahl (Ton) von (1 bis 13) bestimmt. Ein TZOLKIN-Datum bezeichnet daher einen bestimmten Tag in einer Periode von 260 Tagen. Der Zyklus des astronomischen Heiligen Maya-Kalenders ist eine aus zwanzig Sonnenzeichen und 13 Zahlen angeordnete galaktische Matrix (13 x 20). Die Maya benutzten verschiedene, einander ergänzende Kalender. Der Maya-Kalender von José Argüelles, der in Europa überwiegend bekannt ist, stimmt nicht mit den Tagesenergien des ursprünglichen HEILIGEN TZOLKIN der Maya-Hochkultur überein.

Universelles Bewusstsein: Das Universelle Bewusstsein ist grenzenlos, bedingungslos liebend. Der Universelle Geist ist der Göttliche Geist. Der Universelle Geist ist die Göttlichkeit des menschlichen Geistes.

Unterbewusstsein: Das Unterbewusstsein – oft synonym auch als Unbewusstes bezeichnet – denkt in Bildern und kennt den Weg zur Erfüllung der Lebensträume. Das Unterbewusstsein ist auch der Körper und seine Weisheit, der manchmal in Form von Symptomen sprechen muss. Kreatives Schreiben mit der Hand ist zum Beispiel ein Weg, um Inhalte des Unterbewusstseins ins Bewusstsein zu heben und um positive Suggestionen im Unterbewusstsein zu verankern.

Webstuhl der Maya: Der Rahmen für die Schöpfung der dreidimensionalen Wirklichkeit, in der sich die Welt der Dualität (13 x 20) manifestiert. Zeit und Raum sind die Schuss- und Kettfäden dieser scheinbaren Wirklichkeit. Von einer höheren Warte aus betrachtet ist alles nur ein „Spiel des Göttlichen".

Yin/Yang-Prinzip: Das ewige Wechselspiel von Yin und Yang ist ein Prinzip des Universums. Die beiden gegensätzlichen Pole ergeben zusammen ein Ganzes. Die Pole ergänzen und unterstützen sich im „Sowohl-als-auch-Prinzip“. Yin ist das weibliche Prinzip mit spezifisch weiblichen Qualitäten, Yang das männliche Prinzip mit entsprechend männlichen Qualitäten. Frauen wie Männer tragen beide Prinzipien in sich. Das Leben in westlichen Kulturen betont überwiegend das Yang, also Aktivität, Bewegung und Persönlichkeit, und vernachlässigt das Yin mit den Qualitäten der Stille, Einkehr und Seele. Gesundheit bedeutet Yin und Yang in Harmonie.

Zeit: Unsere heutige Kultur misst Zeit nur als eine dreidimensionale Bewegung durch den Raum; sie misst nur die Bewegung der Erde um ihre eigene Achse, weshalb die Uhr auch die Zeit nicht misst. Seit den Maya sowie unter anderem auch Albert Einstein wissen wir, dass die Zeit in der vierten Dimension besteht und nicht nur als eine räumliche Größe angesehen werden darf. Die Zeit der Maya ist die Zeit von Evolution und Bewusstsein, sie umfasst die verschiedenen Zeitqualitäten und Zyklen mit ihren ganz spezifischen Inhalten.

Bibliographie und weiterführende Literatur

Argüelles, José: Der Maya-Faktor – Geheimnisse einer außerirdischen Kultur. München: Goldman 1990

Benedikt, Heinrich Elijah: Die Kabbala als jüdisch-christlicher Einweihungsweg. München: Ansata, 2003

Braden, Gregg: Im Einklang mit der Göttlichen Matrix – Wie wir mit Allem verbunden sind. Burgrain: KOHA- Verlag 2007

Degler Teri: Fiery Muse – Creativity and the Spiritual Quest. Toronto: Random House of Canada 1996

Douglas-Klotz. Neil: Das Vaterunser – Meditationen und Körperübungen zum kosmischen Jesusgebet. München: Knaur Taschenbuch, Neuausg. 2007

Estés, Clarissa Pinkola: Die Wolfsfrau – Die Kraft der weiblichen Urinstinkte. München: Heyne 1993

Fischer, Gabriele: Die Schleusen öffnen – Heilungtanzsrituale, mit Lust und Dynamik zu einem erfolgreichen Energiemanagement. Inzmühlen, Verlag HKIT 2001

Javane, Faith und Bunker, Dusty: Zahlenmystik – das Handbuch der Numerologie. München: Goldmann, vollständige Taschenbuchausg. 1995

Leloup, Jean-Yves: Evangelium der Maria Magdalena – Die spirituellen Geheimnisse der Gefährtin Jesu. München: Heyne, Taschenbuch-Erstausg. 2008

Marti, Lorenz: Eine Handvoll Sternenstaub – Was das Universum über das Glück des Daseins erzählt. Freiburg i. B.: Herder 2014

Moore, Thomas: Die Seele lieben – Tiefe und Spiritualität im täglichen Leben. München: Droemer Knaur 1993

Nachmanovitch, Stephen: Das Tao der Kreativität – Schöpferische Improvisation in Leben und Kunst. Frankfurt: O. W. Barth 1990

Ñaupany Puma: Pachacutec Project, Teil 2: Die Rückkehr des Lichts – Visionen für eine Neue Zeit. Herrsching: The Pachacutec Project 2013

O'Donohue, John: Anam Cara – Das Buch der keltischen Weisheit. München: Deutscher Taschenbuch Verlag 1997

Ruiz, Don Miguel: Die vier Versprechen – Ein Weg zur Freiheit und Würde. Berlin: Ullstein Neuausg. 2006

Spilsbury, Ariel und Bryner, Michael: Das Maya-Orakel – Das kodierte Wissen der Meister der Zeit. Freiburg i. Br.: Hermann Bauer 1994

Vollmar, Klausbernd: Sprungbrett zur Kreativität – Verwirklichen Sie ihren Lebenstraum. München: Integral Verlag, Originalausg. 2000

Wimmer, Magda: Die Maya – Weber der Zeit, Spieler des Universums. München: Goldmann, Originalausg. 2000 [Die Namen der Glyphen/Sonnenzeichen sind aus diesem Buch übernommen]

Über die Autorin

Angelika Uliczka ist Dipl. Designerin, Bildende Künstlerin, Tanzpädagogin und Weisheitslehrerin. Sie hat langjährige Erfahrungen in den Traditionen der Mystik und Meditation. Als Welt-Tänzerin mit Adler-Medizin (KIN: MEN) berührt sie „Himmel und Erde", erfasst hellsichtig das Potenzial und die Lebensaufgabe eines Menschen. Als spirituelle Führungskraft und Gestalterin der Neuen Zeit stellt sie eine Brücke zwischen physischen und spirituellen Wirklichkeitsebenen her.

Neben ihren vielfältigen Aus- und Fortbildungen in den Darstellenden Künsten erhielt sie eine unkonventionelle Schulung durch die geistige Welt. Als Botschafterin des Maya-Flow-Universums geht sie auf dem universellen Weisheitsweg der Maya. Darüber hinaus ist sie auch vertraut mit jüdisch-christlichen Weisheitswegen. Das „Flow-Orakel der Kraft" ist in Zusammenarbeit mit der geistigen Welt entstanden und bestärkt das Erwachen der bewussten Weiblichkeit in unserer Zeit. Es ist Teil eines lebendigen Initiationsweges in eine co-kreative Spiritualität.

Angelikas Engagement gilt der Spiritualität kreativer Prozesse. Ihr Anliegen ist das Zusammenbringen von Kreativität und Spiritualität als Ausdruck bewussten gestaltenden Menschseins. Seit über 20 Jahren unterrichtet sie das „Leben als Kunst", bietet Kreative Meditation, Bewegungsmeditation, Tanz, Wahrnehmungsschulung, Innere Alchemie und vielfältigen Selbstausdruck in Kunst und freiem Schauspiel an.

Zur Thematik dieses Werkes gibt sie inspirierende Seminare mit dem TZOLKIN, in denen es um eine lebendige Reise in ein *Kreatives Erwachen* geht.

Die Essenz ihrer Arbeit liegt vor allem darin, Frauen zur intuitiven Weisheit und schöpferischen Kraft ihres eigenen Herzens zu führen und sie bei der aktiven Verwirklichung ihrer eigenen Lebensträume, bei Herzensprojekten, Produkt- und Geschäftsideen zu begleiten.

Sie begegnet Frauen in Seminaren, Retreat-Tagen und Einzelbegleitung.

Nähere Informationen: www.missflowtravel.com

Ebenfalls bei WINDPFERD erschienen:

Bettina Schmidt

Die Alchemie der Wechseljahre

Die Zeit der Veränderung und des Neuanfangs natürlich begleiten

ISBN 978-3-86410-203-5

Nein, es müssen wirklich keine Hormongaben sein, wenn Frauen während der Wechseljahre zu leiden haben. Eine moderate Ernährungsumstellung, Heilkräuter und eine sanfte, aber nachhaltige homöopathische Behandlung, begleitet von oft humorvollen und durchaus selbstironischen Erfahrungsberichten von Leidensgenossinnen, können da Abhilfe schaffen. So kann man das harte Los auf erfrischende Weise als Sprungbrett zu einem neuen Selbstbewusstsein nutzen.

Karin Burschik

Buddha ist, wer trotzdem lacht

Ein Sach- und Lachbuch

ISBN 978-3-86410-202-8

„Mit ihrer erfrischend neuen und überraschenden Sicht auf die Welt schafft es Karin Burschik, uns die vier edlen Weisheiten des Buddhas in einer so modernen, humorvollen Weise nahezubringen, dass man ihr Buch, obwohl man nur mal kurz reinschauen wollte, einfach nicht mehr aus den Händen legen kann. Schon während der Lektüre zaubert sie uns ein Lächeln der Weisheit ins Gesicht. Einfach köstlich!"

– WINFRIED HILLE, MAGAZIN BEWUSSTER LEBEN –

www.windpferd.de